Oscar Gutiérrez Martín nació en Tepatitlán de Morelos, una madrugada del 28 de agosto de 1993. Sus aspiraciones siempre han sobrepasado barreras. A los 18 años siendo estudiante de Contaduría Pública, fue diagnosticado con disfonía espasmódica, un trastorno poco conocido que afecta los músculos de la voz en la laringe, provocando espasmos involuntarios en las cuerdas vocales, un trastorno que hoy en día no tiene cura definitiva.

Esto fue un motor que lo incentivo para hacer que sus actos hicieran más eco del que pudieran hacer las palabras mismas.

Graduado de la Universidad de Guadalajara como Licenciado en Contaduría Pública, dentro de su trayectoria como emprendedor, es socio fundador del despacho contable "GMX Contadores" donde ha guiado a futuros empresarios mexicanos, cofundador de la empresa "Nutrilhoe, lo mejor para tu suelo", también es catedrático a nivel licenciatura y ponente de cursos afines al área de contabilidad y finanzas.

¡A darle, que es mole de olla!

Una guía para **emprender** y no morir en el intento

¡A darle, que es mole de olla!

Una guía para emprender y no morir en el intento. ¡A darle, que es mole de olla!

© Oscar Gutiérrez Martín, [2024]

Todos los derechos reservados.

Versión de portada blanda 2024.

TABLA DE CONTENIDO:

¿POR DÓNDE EMPIEZO? … ANDAMOS PERDIDAS, PERDIDAS, PERDIDAS… 19
- ¡SIN MIEDO AL TRIUNFO! 21
- ¿YA TIENES TU PLAN DE NEGOCIO? 27
- EL PLAN DE NEGOCIOS 31

1 VAMOS PASITO A PASITO… LA ESTRATEGIA 35
- MI ENTORNO Y MI CHANGARRO. 37
- LA MISIÓN, VISIÓN, VALORES Y OTROS COLORES. 41
- EL ANÁLISIS FODA O SWOT PARA EL PÚBLICO CONOCEDOR 46
- EL MODELO CANVAS 50

2 EL QUE NO HABLA, DIOS NO LO ESCUCHA. EL MARKETING 57
- EL ESTUDIO DE MERCADO (PERO NO DEL MERCADO EN DÓNDE COMPRAS TU MANDADO) 59
- 3 X 1. COMPRADORES, CONTENDIENTES Y COMERCIANTES. 64
- EL PRONÓSTICO DE VENTAS. 71
- MARKETING SIMPLIFICADO 76
- REDES SOCIALES (NO APLICA TINDER) 81

3 ¿CON QUÉ MEDIOS ALCANZAREMOS NUESTRA META?. LO OPERATIVO. 85
- PRONÓSTICO DE PRODUCCIÓN 88
- GESTIÓN DE RECURSOS Y RECURSOS MATERIALES 91
- BIENES DE LA EMPRESA (ACTIVOS FIJOS) 94
- DIAGRAMA DE FLUJO DE PROCESOS 98
- LA LOCALISEISHON DEL NEGOSEISHON 103
- NORMAS Y COMPROMISOS 106

4 LAS PERSONAS LO SON TODO. EL CAPITAL HUMANO 109
    Roles y estructura organizativa 112
    Talento y compensación 117
    Desarrollo y gestión de roles y funciones 121
    El candidato ideal (¿a quién no le gustaría?) 127
    Evaluación del desempeño (no por haber terminado de estudiar ya serás libre de evaluaciones) 131
    Protección en materia laboral 135

5 El SAT, EL GRAN HERMANO. LO FISCAL 139
    Te platico un poco sobre el SAT. 141
    La vida adulta. Alta en el RFC, firma electrónica y otros trámites. 142
    Los impuestos y declaraciones 149
    ¿Me asocio con mi compadre o me la rifo yo solo? 157
    Regímenes fiscales 162

6 LO LEGAL Y LO NO TAN LEGAL. LO LEGAL 167
    Notario, corredor, fedatario, ¡kha! 169
    Tipos de sociedades 171
    Ando de preguntón…, costos, tiempos…, (pasos para la constitución de empresas) 176
    Propiedad intelectual, aviso de confidencialidad y de privacidad. 184
    Materia contractual 189
    Licencias municipales 193

7 LOS NÚMEROS TAMBIÉN SON BONITOS Y MÁS CUANDO HABLAMOS DE GANANCIAS. LAS FINANZAS 197
    Importancia de la información financiera. 199
    Estado de posición financiera (lo que tengo y lo que debo) 202
    Estado de resultados (la utilidad o pérdida que genere) 208
    Estado de flujo de efectivo (de dónde vino y a dónde fue mi ingreso, espero que no a shein…) 214

  Financiamiento 219
  Evaluación del plan de desempeño 224
Despedida. ¡Se acabo lo que se venía! 229
  Sitios de interés 233
  Bibliografía 233

Agradecimientos

Gracias a mi padre y a mi madre, por enseñarme que trabajando duro los sueños empiezan a materializarse y a tomar forma, a mis hermanos por apoyarme en momentos complicados.

Gracias a mi novia por su paciencia y cariño durante el proceso del libro.

Gracias a José Ángel García por fungir como mentor y darme ese primer voto de confianza que necesitaba para dar el siguiente paso e iniciar con el libro.

Gracias a mis amigos y conocidos por que cada uno de sus consejos han nutrido no solo este libro, si no también mi crecimiento personal.

Gracias a la vida, porque son de los retos que he tenido donde he aprendido a ser más humilde, a valorar lo que tengo y a nunca darme por vencido.

Gracias a mí mismo por mi perseverancia y disciplina.

Y, por último, pero no menos importante... ¡Gracias a usted lector, por su buen gusto!

Si tú no trabajas por tus sueños, **alguien te contratará para que trabajes por los suyos**.

Steve Jobs

Un poco de mi historia...

Desde pequeño siempre pensé que mi vida estaba destinada a algo grande, me imaginaba como empresario debido a la imagen que tenía de mi papá, él siempre ha sido un emprendedor, recuerdo que cuando yo estaba en el kínder él tenía un negocio de renta de películas en VHS, posiblemente muchos no sabrán de que hablo, pero los de mi generación recordaran lo que era limpiar los video casetes y soplarles para que funcionaran de manera correcta.

Después, él paso a tener un negocio de pisos y azulejos y posteriormente entró al mundo de la construcción, solo que en un momento decidió tomar otro camino y alimentar su lado espiritual.

A pesar de que mi juventud no fue la mejor debido a que fue una etapa en la que estuve en lucha constante contra la disfonía espasmódica, siempre busqué la forma de ir dando pequeños pasos hacía un futuro mejor.

Siempre he tenido gratitud y compromiso que con todos los trabajos por los que he pasado, pero hubo un momento en el que sentí había algo más...

Recuerdo un día de verano del 2018, en aquel entonces solo trabajaba en una oficina como contable, (mi vida era un ciclo de trabajo, casa, dormir y repetir), estaba sentado frente en mi computadora, haciendo un "cierre de mes contable", una actividad cíclica que se repetía los primeros días de cada mes, (suena divertido, pensarán).

Junto a mi lugar, había una ventana pequeña que daba hacía una de las avenidas principales de la ciudad, veía como toda la gente "parecía libre" fuera de aquella ventana, caminando como si tuvieran la vida resuelta, mientras que una parte de mi se sentía encerrada entre cuatro paredes.

Me recuerdo preguntándome, algo tan sencillo cómo ¿qué estará pasando en el exterior, en otros lugares de la ciudad?, mientras que yo, como godín, estoy sentado frente a mi computadora todos los días de 8 am a 5 pm. (Con todo respecto para los oficinistas..., honestamente creo que la contabilidad es apasionante, pero como todo, son necesarios los retos y el crecimiento continuo.)

Un par de meses después renuncié, decidí mudarme a Estados Unidos teniendo en mente trabajar un par de años allá, con la finalidad de ahorrar suficiente dinero para emprender por cuenta propia, mis deseos por triunfar eran mayores a mis miedos, fue emocionante en un principio, estar en un país que conocía por primera vez, era excitante pensar en las oportunidades que me aguardaban.

A pesar de que en un inició tarde varias semanas buscando empleo, sin éxito, explorando mi nuevo entorno con Google maps y buscando lugares en donde trabajaran latinos, solo veía como mis ahorros disminuían lentamente..., pero por fin, encontré una vacante como cocinero en un restaurante, gracias a Octavio, un primo no sanguíneo, que me recomendó a pesar de conocerme poco.

Esta decisión me recuerda a la película de "Sí, señor, de Jim Carrey", a pesar de no tener experiencia en el área, solo la que adquirí en el tiempo que estuve viviendo solo durante el 2018, con mi dieta a base preparación de hamburguesas con carne congelada de Walmart y huevo en todas sus variedades, logré adaptarme al puesto.

Debo de ser honesto, la discriminación al trabajar en EE.UU. por ser foráneo e inexperto no me facilitaron esta nueva aventura, en un inicio, el trabajo es pesado y se extraña a la familia y a los amigos.

Hubo momento en el que recuerdo haber llegado a mi punto de quiebre, en donde me desborde emocionalmente, una tarde saliendo del restaurante salí a caminar para despejar mi mente y di con un parque, me sentía en modo zombi, luego de haber pasado una tarde estresante en la que crees que ya nada puede ir peor, con una mezcla de sentimientos en mi interior, me senté en una banca aproximadamente media hora y empecé a llorar, en esos momentos mi mente empezó a jugar en mi contra, sentía que estaba en un lugar en dónde no pertenecía, me sentí solo como nunca lo había sentido antes, pero yo tenía un objetivo en mente, decidí dar lo mejor de mí, demostrarme a mí mismo de lo que soy capaz...

Elaboré mi plan de acción, yo era el primero en llegar al trabajo, en ese tiempo memorizaba las recetas, analizaba mi entorno de trabajo, observaba a los tenían más experiencia y les pedía consejos, me capacitaba a mí mismo de manera constante, prestaba atención a cada detalle, rápidamente empecé a sobresalir y la gente lo notaba...

Citando a "Viktor Frankl", "Las ruinas son a menudo las que abren las ventanas para ver el cielo", no puedes emprender si no estas comprometido contigo mismo y das todo de ti, tienes que pasar el umbral del dolor, debes de creer en ti a pesar de que nadie más lo haga.

Ese tipo de decisiones disruptivas junto con otras, han extendido mi zona de confort, me han enseñado que lo que viene fácil, fácil se va, pero cuando se hacen las cosas con dedicación y esmero, perduran, y si se van, uno mismo es capaz de volver a construir las oportunidades en donde se encuentre y con los recursos que se tienen a la mano.

Durante mi estadía en EE. UU. trabajando como cocinero, la cual fue menor a un año debido a que ocurrió lo inesperado, ¡una pandemia!, el COVID me obligo a regresar a México. Pero esto era apenas el inició de algo más grande, una vez en México empecé a planear lo que hoy se convertiría en el despacho de GMX Contadores. Aquí aprendí otra gran lección, debemos de adaptarnos al cambio ya que es lo único seguro, como diría Bruce Lee "Be like water my friend", "sé como el agua mi amigo".

De regreso en México, el objetivo fue retomar mi vida como contador e iniciar mi despacho contable, para esto, tuve que empezar por lo más esencial, pero ¿qué sería lo más esencial?...

Analizar qué tan redituable sería un despacho, si era más viable constituir una sociedad o quedarme como persona física, escoger el régimen jurídico y fiscal adecuado, registrar mi logo ante el IMPI, enfocarme en un nicho de mercado específico, elaborar un plan de negocio adecuado, tener mi sitio web, tramitar la licencia municipal, entre otra serie de trámites y procesos que posiblemente ahora te suenen en Chino pero que los veremos paso a paso más adelante.

Afortunadamente mis conocimientos como Contador me ayudaron bastante, por tal motivo me gustaría guiarte a través de este emocionante camino, porque sé que entre toda la tramitología y entre el exceso de información es fácil llegar a perderse, sobre todo si no tienes el camino claro.

Te invito a que este libro sea una motivación y una guía para dar ese paso, ya que el único momento que tenemos es el ahora.

... Y, por último, pero no menos importante, paciencia y más paciencia.

¡Sin miedo al triunfo!

Como lo diría el buen Joan Manuel Serrat "Caminante, no hay camino. Se hace camino al andar". ¿Cuántas personas no conocemos que en medio de la borrachera empiezan a hablar de sus sueños como emprendedores?, o incluso, no es necesario estar en este estado, ¿Cuántas veces no has fantaseado con dejar un mal trabajo de un día para otro?, con la finalidad de emprender y dedicarte de lleno a tu proyecto.

¿Cuál es el mejor momento para emprender?, ¿Existe alguna etapa en nuestras vidas que sea la mejor?, ¿Alguna época del año?, ¿Alguna hora del día?, ¿Necesitaremos esperar a que los planetas se alineen en una sola dirección?... la verdad es que el mejor momento y el único momento que tenemos es el ahora.

Tal vez pudieras decir, "es que ya no soy joven, tengo una familia que mantener", pero yo te pudiera responder, mencionando un caso real cuya película posiblemente haz visto, ¿te suena el nombre "En busca de la felicidad"?, película interpretada por Will Smith, basada en la historia de Chris Gardner (si nunca la has visto, **¡ahora es el momento!**).

Tal vez me digas que te encuentras sin trabajo, pero de igual manera pudiera platicarte sobre la historia de J.K. Row, autora de la saga de Harry Potter, cuando J.K. Rowling empezó a escribir esta increíble saga, se encontraba sin trabajo, sin dinero y pasando por la etapa de duelo debido a la muerte de su madre, aun así, pudiera ser que ninguno de estos casos sea tu situación.

Tal vez, has intentado emprender con anterioridad, pero el fracaso constante termino con tus sueños y esperanzas (mientras que en el fondo suena la música del violín más pequeño del mundo).

Te cuento otro caso, la historia del Coronel Sanders (así es, el fundador de KFC), el Coronel Sanders se alisto en el ejercito a los 15 años, debido a que falsificó su certificado de nacimiento, como una oportunidad de salir de la pobreza y huir del maltrato familiar que recibió durante su infancia, estudió leyes por correspondencia mientras que a la par tuvo empleos bastante variados, como vendedor de llantas, trabajos en gasolineras, operador de botes de vapor...

A los 40 años, siendo un todólogo (como la mayoría de los contadores que iniciamos en empresas chicas, somos el de capital humano, el fiscal, el contador, el de costos y hasta el del aseo), el Coronel Sanders, siendo dueño de una gasolinera, haciendo buen uso de sus habilidades culinarias, empezó a ofrecer el servicio de comida a los foráneos que llegaban a cargar combustible a su gasolinera.

Fue cuestión de tiempo para que los lugareños empezaran a darse cuenta de las suculentas habilidades que tenía el Coronel para la cocina, a tal grado que pasado el tiempo, su nombre se volvió popular en su condado, incluso, el gobernador de Kentucky de ese entonces lo nombro como "Coronel del Kentucky".

En el año 1940 el Coronel Sanders patento su receta especial del pollo frito (más adelante abordaremos la importancia de la importancia de la propiedad intelectual), este platillo fue su principal éxito dentro de todo su menú, y el resto, es historia.

Así como las historias anteriores pudiera contarte otras veinte más, pero no es el punto, lo más complicado hoy en día no es la capacitación o la información, al contrario, en ocasiones el exceso de información puede llegar a bloquear a las personas.

Lo más importante es que te lances sin mirar atrás, obviamente después de haber hecho la planificación adecuada, tampoco no esperes a que aparezca la rosa de Guadalupe en tu casa y seas emprendedor de un día para otro. El primer paso es el más difícil, pero no hay nada más bonito que ver el resultado de tu esfuerzo materializándose un poco más cada día.

Siempre he creído que es mejor intentarlo y fracasar, a preguntarte "¿qué hubiera pasado si en su momento lo hubiera intentado"?, porque incluso, los fracasos son los que nos permiten crecer, el fracaso es necesario, cada fracaso es una nueva oportunidad, para que la siguiente vez sea mejor.

...Y ahora, un poema...

Itaca

Cuando emprendas tu viaje a Itaca
pide que el camino sea largo,
lleno de aventuras, lleno de experiencias.
No temas a los lestrigones ni a los cíclopes
ni al colérico Poseidón,
seres tales jamás hallarás en tu camino,
si tu pensar es elevado, si selecta
es la emoción que toca tu espíritu y tu cuerpo.
Ni a los lestrigones ni a los cíclopes
ni al salvaje Poseidón encontrarás,
si no los llevas dentro de tu alma,
si no los yergue tu alma ante ti.

Pide que el camino sea largo.
Que muchas sean las mañanas de verano
en que llegues -¡con qué placer y alegría!-
a puertos nunca vistos antes.
Detente en los emporios de Fenicia
y hazte con hermosas mercancías,

nácar y coral, ámbar y ébano
y toda suerte de perfumes sensuales,
cuantos más abundantes perfumes sensuales puedas.
Ve a muchas ciudades egipcias
a aprender, a aprender de sus sabios.

Ten siempre a Itaca en tu mente.
Llegar allí es tu destino.
Mas no apresures nunca el viaje.
Mejor que dure muchos años
y atracar, viejo ya, en la isla,
enriquecido de cuanto ganaste en el camino
sin aguantar a que Itaca te enriquezca.

Itaca te brindó tan hermoso viaje.
Sin ella no habrías emprendido el camino.
Pero no tiene ya nada que darte.

Aunque la halles pobre, Itaca no te ha engañado.
Así, sabio como te has vuelto, con tanta experiencia,
entenderás ya qué significan las Itacas.

Poema de Konstantino Kavafis

¿Ya tienes tu plan de negocio?

Es hora de hacer tu primera tarea (así es, no por leer un libro de emprendimiento te convertirás en un emprendedor sin poner manos a la obra).

El plan de negocios es como los cimientos de una casa, a pesar de que es algo que no es visible a primera vista, son la base que le dará el soporte a toda la construcción.

> **Plan de negocios:** *Es el documento en donde detallaras toda la información relativa a tu idea de negocio, desde nuevas ideas, procesos, evaluaciones, control financiero, etc. En español... es como si hicieras un plan para ir a la playa, deberás de anotar todo lo que requieras para llevarlo a cabo.*

El plan de negocios será tu propio manual, hecho como un traje a la medida.

Como emprendedor, debes de abrazar lo desconocido y empezar a ser un todólogo, esto no quiere decir que tengas que estudiar la carrera de marketing, después la de contaduría, posteriormente administración y finalizar estudiando la carrera de derecho, pero si debes de tener conocimiento general sobre las diversas áreas que te atañen como emprendedor.

"El conocimiento es poder"

Como pareces una persona agradable, solo habrá una tarea de momento, así es, este tú día de suerte, la tarea consiste en elaborar tu plan de negocio, para esto, dividiremos el libro en siete apartados básicos que serán la base de tu emprendimiento. Ya sea que lo realices en un archivo de Word o de forma manual en un cuaderno, lo importante es ir trazando tu camino como emprendedor con unas bases sólidas.

¿Cuáles son los siete apartados?, preguntarás... Y yo te regañaré y te diré que ya lo leíste, en el apartado del índice del libro o tabla de contenido, en la página 6.

Pudiera parecer mucho a primera instancia, pero créeme, entre más pronto te empapes de estos términos y te cultives en la materia, las cosas empezarán a fluir de manera natural y dejarás de avanzar con el freno de mano, no le temas a las palabras que suenan "técnicas" o especializadas, como dice el capítulo uno, vamos a ir pasito a pasito, a menos que calces del 10, ahí si tenemos que acelerar el paso.

Cada uno de los 7 bloques se pueden leer en distinto orden, pero si eres nuevo en el mundo del emprendimiento, te recomiendo ampliamente no saltarte ningún capitulo y llevar a la par de la lectura cada una de las distintas actividades.

Si en algún momento decidieras que necesitas un poco de apoyo extra, te dejo tres alternativas en donde te puedes asesorar de expertos en la materia:

- **Incubadoras:** Una incubadora de empresas es un sitio de asesoramiento, donde te apoyaran en cada etapa de tu emprendimiento, desde el plan de negocios, estrategias de marketing, aspectos legales, financiamiento, temas de propiedad intelectual, entre otros, (así es, es en gran parte lo que estaremos viendo en este libro).

- **Contadores y asesores especializados:** ¿creíste que los contadores solo presentamos impuestos y emitimos facturas?, incorrecto. Tanto los contadores como los administradores de empresas conocemos bastante bien cómo funciona el mundo de los negocios.

Tal es el caso del despacho GMX Contadores.

- **A la antigüita:** A base de prueba y error (no necesariamente es la mejor opción), así como de autocapacitación, solo considera que el tiempo es dinero y no hay nada mejor que apoyarse de un experto. Como emprendedor, debes de abrazar la filosofía Kaizen, o sea, la mejora continua, no dejes que pase un día sin aprender algo nuevo.

El plan de negocios

Ahora que tienes un panorama más general, vamos desmenuzando a grandes rasgos los principales apartados del plan de negocio. Empezaremos por lo general, debemos de visualizar nuestra idea de negocio como un ser independiente, como todo ser independiente debe de tener datos propios, una identidad definida, sus propias fuentes de ingresos y gastos, sus inherentes *derechos y obligaciones*...:

Información de la Empresa:

Nombre de la Empresa o negocio: _____

Giro o Actividad Principal:
_____
_____
_____

Fecha de Fundación: _____

Dirección de la Empresa: _____

Ciudad, estado y país: _____

Código Postal: _____

Teléfono y correo electrónico: _____

Correo Electrónico: _____

Página Web (si aplica): _____

Redes Sociales (si aplica): _____

Información del Emprendedor Principal:

Nombre Completo: _____

Cargo en la Empresa: _____

Fecha de Nacimiento: _____

Nacionalidad: _____

Dirección Residencial: _____

Ciudad, estado y país: _____

Código Postal: _____

Teléfono y correo electrónico: _____

Información de los Socios (si aplica):

1.-Nombre Completo: _____

Cargo en la Empresa: _____

Porcentaje de Participación: _____%

Teléfono y correo electrónico: _____

2.-Nombre Completo: _____

Cargo en la Empresa: _____

Porcentaje de Participación: _____%

Teléfono y correo electrónico: _____

Notas Adicionales o Comentarios:
_____
_____
_____

Un plan de negocios te ayudará a evaluar que tan viable es una idea, a definir los objetivos del emprendimiento, e inclusive, como una herramienta para atraer inversores o solicitar financiamiento. También sirve como una guía estratégica, la cual se revisará y ajustará a las necesidades de la empresa conforme al paso del tiempo.

Todos los formatos de ejemplo en este libro son ilustrativos, más no limitativos, échales creatividad a tus formatos y pídeles prestados los lápices y colores a tus sobrinitos.

Vamos pasito a pasito...

1 La estrategia

Mi entorno y mi changarro.

Según datos observados por el INEGI en un censo realizado en el año 2019, la esperanza de vida de un negocio en México es de 7.8 años (con variaciones según el sector y estado del que se trate así es, si pensabas que por el hecho de tener un negocio propio ya tienes tu vida resuelta lamentablemente no es así.

Así como nosotros, los negocios también suelen tener un ciclo de vida, las empresas también nacen, crecen, alcanzan la madurez, posteriormente existe una etapa de declive y, por último, o se renuevan o pasan a la etapa final que sería su cierre, no necesariamente se trata de un ciclo lineal, algunas empresas pueden repetir etapas o brincarse algunas de estas.

Incluso aun pasando todo lo anterior, del pequeño universo de las empresas que sobreviven, solo un 30% de estás pasan la primera sucesión (o sea que, siguen vivas después de que el fundador pasa su negocio a la próxima generación), según un estudio de PwC (PricewaterhouseCoopers).

Lo anterior no lo digo para desmotivarte, pero también hay que ser realistas, si las cifras son poco esperanzadoras, con mayor razón hay que dar nuestro mejor esfuerzo y contar con las herramientas adecuadas.

Entre las principales razones por la que fracasan los negocios destacan las siguientes:

- Falta de planeación.
- Cambios en el entorno económico (por ejemplo, la recesión económica por la pandemia del COVID, ¿Cuántos negocios no quebraron?)
- Mala administración.
- No conocer el mercado.
- Problemas con los socios.
- Falta de capital/financiamiento.
- No contar con una cartera de clientes sólida.
- No tener la suficiente disponibilidad de tiempo.
- Falta de herramientas tecnológicas.

Y las razones siguen... Este libro será un peldaño más en este mundo tan interesante de los negocios. Comprométete y no formes parte de las estadísticas, ve más allá.

El secreto a la hora de emprender es la perseverancia, de nada sirve leer cientos de libros, tomar un curso cada mes, contarle de tus sueños a tus amigos..., si no tomas el primer salto de fe (junto con las herramientas adecuadas, claro).

Te recomiendo tener un horario específico cada día (posiblemente al leer esto ya estes pensando en mil y un pretextos) los primeros días serán los más complicados, pero posiblemente después de un mes ya se haya vuelto un hábito, conforme avances te sentirás orgulloso de tu progreso y disciplina, disciplina que empezara a trasladarse a otras áreas de tu vida.

¿Cuántas horas dedicas a las redes sociales?, el costo a pagar por emprender será ofrecer algo a cambio, para la mayoría de las personas ese sacrificio será dar a cambio las horas que antes dedicaban a las redes sociales, para otros será tiempo que dedicaban a sus seres queridos, para otros, tiempo que dedicaban a descansar... todos tenemos que hacer algún tipo de sacrificio.

Una receta no tiene alma.

Es el cocinero quien debe darle alma a la receta.

Thomas Keller.

La misión, visión, valores y otros colores.

Si estudiaste una carrera del ramo administrativo posiblemente te sean familiares los siguientes términos, "misión, visión, FODA, CANVAS...", a pesar de que muchas personas nunca lo llevaron a la práctica, estos datos son indispensables en todo negocio, veamos cada uno de ellos:

- **La visión:** ¿Cómo se ve tu negocio a futuro?
    o Se inspirador, describe el futuro ideal para tu negocio a futuro, con la finalidad de motivar a tu equipo y atraer a tus clientes.
    o Se claro y conciso, la visión debe de explicarse en pocas palabras.
    o Refleja tu pasión y compromiso con tu propósito a futuro.
    o No, aquí no entran las visiones que tuviste aquella vez que utilizaste sustancias raras.

- **La misión:** ¿Cuál es la razón de ser del negocio?, ¿qué hacemos?, ¿por qué motivo se creó esta idea?, ¿cómo resolverás las necesidades de tus clientes?
    - o Aunque la misión debe ser ambiciosa, también debe ser realista y alcanzable, no te avientes la misión imposible.

- **Los valores:** Son las creencias y principios éticos que te guiarán en las decisiones y acciones de tu negocio, como pudiera ser la integridad, innovación, responsabilidad social, etc. (son solo un ejemplo, no se vale copiar y pegar para tu tarea, ¡eh!)
    - o Sé autentico, los valores deben de ser coherentes con tus acciones, no los elijas solo porque suenen bien.
    - o Comunica tus valores con el mundo, estos formarán parte de tu cultura empresarial.

Te comparto la misión, visión y valores de la Coca Cola, la sencillez en ocasiones es mejor:

Si aún necesitaras más ideas, te comparto otro ejemplo de una empresa ficticia de consultoría en tecnología:

- **Misión**: Facilitar la transformación digital de las empresas a través de soluciones innovadoras y personalizadas que impulsen su crecimiento.
- **Visión**: Ser líderes reconocidos a nivel nacional en consultoría tecnológica, destacando por nuestra excelencia en el servicio al cliente y nuestra capacidad para anticipar y adaptarnos a las necesidades del mercado.
- **Valores**: a) *excelencia* en todo lo que hacemos, b) *innovación* constante en nuestras soluciones y c) *integridad* en nuestras relaciones comerciales.

Manos a la obra. ¿Cuál es tu visión, misión y valores para tu negocio?, vamos a activar ese hámster.

Misión	
Visión	
Valores	

La misión, visión y valores, serán los cimientos para tu negocio, son como una brújula que guiará tus decisiones estratégicas y tu cultura empresarial, por lo que se verán reflejados hacía el exterior, en el trato que le das a los clientes y la manera en que te perciben desde el exterior.

Tomate tu tiempo, haz una lluvia de ideas y reflexiona a la hora de realizar esta tarea. Es importante que la misión, visión y los valores se adapten en las diferentes etapas de vida del negocio, al igual que las personas, los negocios también tienen un ciclo de vida y están en constante cambio.

Recuerda que es te libro no está hecho para que le des una leída rápida y lo mandes al rincón del olvido, tomate tu tiempo, no te me aceleres.

El análisis FODA o SWOT para el público conocedor

El análisis FODA o SWOT (en inglés) para el público lector güero de ojo azul, no es más que las fortalezas, oportunidades, debilidades y amenazas a las cuales se enfrentará tu negocio.

En las fortalezas y debilidades se contemplan factores internos al negocio, por ejemplo, si mi idea de negocio es un despacho contable, mis fortalezas podrían ser la experiencia, una buena ubicación, los planes personalizados, en las debilidades consideraría que es un despacho nuevo y por lo tanto aún no tiene una cartera de clientes fija.

En las oportunidades y amenazas se consideran factores externos. Una oportunidad pudiera ser la especialización en el sector primario, debido a la zona donde se encuentra el despacho, una amenaza sería la competencia respecto a los despachos y profesionistas independientes, o incluso, el software automatizado para realizar la contabilidad.

Seguimos con el análisis de Coca Cola:

Ahora es tu turno de lucirte con tu análisis FODA:

Fecha del Análisis: _____

1. **Fortalezas (F):**
Listar las áreas internas positivas que la empresa o proyecto posee y que la distinguen de otros.
-
-
-
-

2. **Oportunidades (O):**
Identificar factores externos positivos que pueden ayudar a la empresa o proyecto a alcanzar sus objetivos.
-
-
-
-

3. **Debilidades (D):**

Enumerar aspectos internos que podrían obstaculizar el desempeño de la empresa o proyecto.

-
-
-
-

4. Amenazas (A):

Señalar los factores externos que podrían representar un desafío o riesgo para la empresa o proyecto.

-
-
-
-

Conclusiones y Acciones:

Resumen de las principales conclusiones del análisis FODA y acciones a tomar.

-
-
-
-

El análisis FODA te permitirá definir tus objetivos y determinar cómo alcanzarlos, aprovechando tus fortalezas y oportunidades, mientras que gestionas las debilidades y amenazas detectadas.

Antes de embarcarte en un proyecto nuevo o estrategia, el análisis FODA es ideal para evaluar su viabilidad y coherencia respecto a los recursos y capacidades actuales.

Si analizas lo poco que llevamos hasta el momento, podrás ser consciente de la interconexión de la misión, visión y los valores con el análisis FODA.

La misión describe lo que una empresa hace y para quién lo hace, proporcionando la base para identificar las fortalezas y debilidades. La visión establece la dirección futura, lo que nos puede ayudar a identificar oportunidades y posibles amenazas.

Los valores son principios y creencias que guían el comportamiento y la cultura de una empresa, por lo que pueden influir de igual manera a identificar oportunidades y amenazas en el análisis FODA, por ejemplo, si un valor es la sostenibilidad ambiental, una oportunidad que tengo es ofrecer productos eco amigables, lo que a su vez atraerá a cierto segmento de clientes con los mismos valores.

El modelo CANVAS

La palabra CANVAS quiere decir lienzo, imagina que tu negocio es un recuadro en blanco y tú eres el artista con el lienzo en mano, en el recuadro, vamos a dibujar los aspectos fundamentales de cualquier negocio, pero adecuado a tu toque en particular. El modelo CANVAS también es una herramienta que permite conocer a grandes rasgos todos los aspectos clave de tu negocio, su relación y como se compensan los unos a los otros.

¿Cómo está estructurado el modelo CANVAS?

- **Segmentos de clientes:** ¿Quiénes son tus clientes?, ¿qué piensan y sienten tus clientes?, en lo individual, o empresas, grupos demográficos específicos, etc.

- **Propuesta de valor:** ¿Por qué tus clientes consumen tu producto?, ¿cómo te distingues de la competencia?, ¿qué es lo que hace valioso y único a tu producto o servicio a los ojos de tus clientes?

- **Canales:** ¿Por qué medio distribuyes tus productos y servicios?, ya sea en ventas directas, tiendas en línea, exprime el poder de la tecnología, nunca había sido tan fácil vender a gran escala gracias a plataformas en línea

- **Relaciones con clientes:** ¿Cómo es la interacción con el cliente?, de principio a fin. La relación con los clientes puede ser personalizada, automatizada, basada en comunidades o "tribus", entre otras, lo importante es buscar la manera de crear relaciones sólidas y que no pase como con mi ex, que de repente se convirtió en una relación tóxica.

- **Fuente de ingresos:** ¿Cuáles son tus fuentes de ingresos?, como la venta directa, suscripciones, publicidad, etcétera, ¿de qué formas generaras ingresos?

- **Actividades y recursos clave:** ¿Cuáles son tus actividades y recursos (físicos, financieros, humanos, tecnológicos...) fundamentales para desarrollar tu actividad?

- **Asociaciones clave:** ¿Con quién me puedo asociar para acceder a beneficios? (proveedores, socios de distribución, patrocinadores, etc.)

- **Estructura de costes:** ¿Cuáles son mis generadores de costos (compras de mercancía, costo de mobiliario, gastos de luz, agua, renta...) ?, es importante que consideres todos tus costos fijos (aquellos que son constantes a pesar de que vendas o no, como la renta, pago de internet...) como variables (aquí entra por ejemplo el costo de un artículo que venda, entre más venda, necesito más artículos que tienen un costo, por eso es variable).

Modelo CANVAS con base al modelo de negocio de Coca Cola:

Recomendación: No se trata de encontrar el hilo negro, aprende de tu competencia y de las grandes empresas que ya dominan el nicho de negocio en el que deseas ahondar, el tiempo es el recurso más valioso que tenemos, por lo tanto, aprovéchalo y apóyate de quien ya paso por este camino inicial.

Ejemplo de CANVAS de un negocio de venta de ropa en línea:

1. Segmentos de clientes: Individuos jóvenes y adultos interesados en moda a precios accesibles. Mujeres de 18 a 35 años y hombres de 20 a 40 años.

2. Propuesta de valor: Ropa de moda a precios asequibles, con una amplia variedad de estilos y tallas. Comodidad de comprar en línea desde casa.

3. Canales: Tienda en línea propia. Presencia en plataformas de comercio electrónico como Mercado Libre y Amazon y en redes sociales

4. Relaciones con clientes: Interacción personalizada en chat y redes sociales. Respuestas rápidas a preguntas de los clientes.

5. Fuente de ingresos: Venta directa de productos de moda. Suscripciones premium y publicidad en la tienda en línea.

6. Actividades y recursos clave: Adquisición de inventario de moda. Desarrollo y mantenimiento de la tienda en línea. Gestión de pedidos y envíos. Equipo de atención al cliente.

7. Asociaciones clave: Proveedores de ropa y accesorios. Servicios de mensajería para la entrega. Influenciadores de moda para la promoción en redes sociales.

8. Estructura de costos: Costo de adquisición de mercancía. Gastos de marketing y publicidad en línea. Costos de envío y logística. Salarios del personal de atención al cliente y gestión de pedidos. Costos fijos como alquiler y servicios públicos. Comisiones de plataformas de comercio electrónico (en caso de usarlas).

Qué crees... es tu turno, se especificó en tu ejemplo, no me defraudes como los tacos con aceite quemado de motor que me cene ayer:

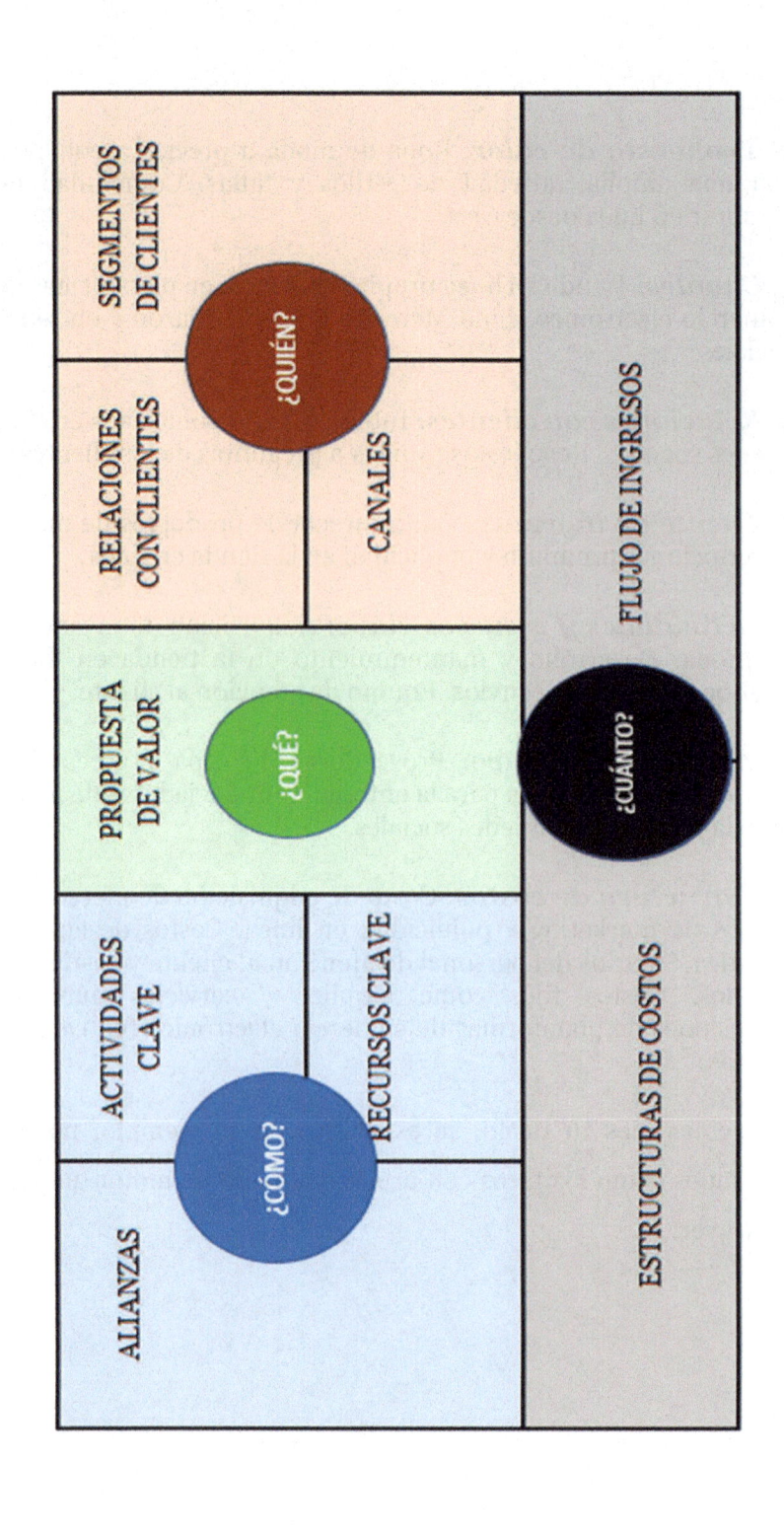

SEGMENTOS DE CLIENTES			
	¿QUIÉN?		
RELACIONES CON CLIENTES	CANALES		FLUJO DE INGRESOS
PROPUESTA DE VALOR ¿QUÉ?		¿CUÁNTO?	
ACTIVIDADES CLAVE			
	¿CÓMO?		
ALIANZAS	RECURSOS CLAVE		ESTRUCTURAS DE COSTOS

Cocinar es un arte, pero todo arte requiere saber algo sobre las técnicas y los materiales.

Nathan Myhrvold

*El que no habla,
Dios no lo escucha.*

---

2 El marketing

El estudio de mercado (pero no del mercado en dónde compras tu mandado)

Sin ventas no hay ingresos y sin ingresos no hay pachanga.

> **RAE**: *Mercado, conjunto de consumidores capaces de comprar un producto o un servicio.*

Es de suma importancia conocer nuestro entorno, y adaptarnos a las necesidades del mundo cambiante. Si alguien quisiera poner un ciber hoy en día, posiblemente muchos le dirían que sería echar su dinero a la basura, pero en los 2000 hubiera sido un negocio novedoso y sumamente atractivo.

Las necesidades de las personas están en constante cambio, recuerdo uno de mis maestros de calidad total en la universidad, siempre nos decía que nos casáramos con la tendencia, no con la "tradición", tal vez por eso se divorció cuatro veces.

¿De qué manera nos beneficia hacer un estudio de mercado?

- Validación de la idea de negocio. Antes de invertir todos tus ahorros en una idea, primero deberías considerar si existe demanda para ese futuro negocio, lo que minimizará posibles riesgos.

- Un estudio de mercado te ayudará a conocer oportunidades no exploradas o nichos (segmentos específicos) que aún no han sido atendidos.

- Conocer las necesidades de tus clientes es crucial, ya que te ayudará a adaptar tu producto o servicio, a su vez, te guiará e indicará la mejor estrategia de marketing a seguir.

- Conocer a tus competidores actuales y potenciales (recuerda tu análisis FODA).

- Un estudio de mercado te ayudará a atraer inversores o financiamiento.

Algunas de las técnicas más comunes y a nuestro alcance para conocer las necesidades de nuestros potenciales clientes son:

- **Google forms**: encuestas a la medida que se pueden enviar online.
    - **Actividad**: 1. Diseña un cuestionario con preguntas relevantes sobre preferencias de los clientes, su satisfacción con productos/servicios, etc., posteriormente compártelo al público en general.

- **Comprador misterioso**: analizar la propuesta de valor de la competencia, como si uno mismo fuese el comprador.
    - **Actividad**: 1. Selecciona competidores clave. 2. Realiza compras o interactuar con ellos como cliente. 3. Evalua la experiencia de compra, atención al cliente, calidad del producto, etc. 4. Compara con la propia propuesta de valor.

- **Entrevistas**: nunca está de más ser directo y ahondar en primera persona.
    - **Actividad**: 1. Identifica a clientes potenciales o actuales. 2. Prepara preguntas abiertas para profundizar en sus necesidades, preferencias y percepciones sobre el producto/servicio. 3. Realiza entrevistas individuales o grupales.

- **Redes sociales:** analiza las estadísticas que brindan las redes sociales sobre los productos de interés.

- **Actividad:** descarga la aplicación de WhatsApp Business y crea tu perfil empresarial, editando tus datos generales como ubicación, horario, catálogo de productos o de servicios, posteriormente, crea un estado para compartir en el resto de tus redes sociales, para atraer a tu público objetivo.

- **Focus group:** son debates entre grupos pequeños de personas, sobre productos o servicios específicos.
  - **Actividad:** 1. Recluta a participantes representativos del mercado objetivo. 2. Guia una discusión moderada sobre productos/servicios específicos. 3. Registra opiniones, ideas y percepciones de los participantes.

- **Consultores de marketing.** Dependerá de tu presupuesto, pero si quieres ir a la segura, apóyate de expertos en el tema.
  - **Actividad:** 1. Investiga y selecciona consultores de marketing con experiencia. 2. Establece objetivos y el alcance del proyecto con el consultor. 3. Colabora en la investigación de mercado según las necesidades específicas del negocio.

- **Otros:** cámaras de comercio locales, empresas de investigación de mercados, redes profesionales, etc.

- **Actividad:** 1. Investiga y contacta organizaciones especializadas en investigación de mercado. 2. Solicita propuestas y cotizaciones. 3. Selecciona la opción más adecuada según el presupuesto y los objetivos de investigación.

Antes de decidir con quién o de qué manera trabajar, define claramente tus objetivos de investigación, tu presupuesto y el alcance de la investigación que necesitas

Los estudios de mercado son bastantes amplios, por lo que dependerá del objetivo que tengamos en mente. Como base, debemos de conocer el mercado consumidor (clientes), el mercado proveedor y el mercado que represente a nuestros competidores.

Recuerda anotar los hallazgos después de ir probando con cada herramienta, para ver qué es lo que te funciona mejor. Ya tienes bastante tarea para que no te aburras el fin de semana.

3 x 1. Compradores, contendientes y comerciantes.

Así es, no todos los mercados son de comida, a pesar de que a estas alturas del libro no estaría mal hacer un alto para ir por un rico menudo o unas gorditas de asada.

Desde la perspectiva del **mercado de compradores**, es necesario investigar el comportamiento de los nuestros potenciales clientes, para detectar que es lo que buscan o necesitan. Para esto, podemos segmentar el mercado consumidor en segmentos tales como:

Individuos:
- **Demográficos**: División según edad, género (hombre, mujer, transgénero, no binario, género fluido, agénero, pangénero, demiboy y demigirl, hombre oso cerdo, etc., usa los que consideres necesarios), ingresos, nivel educativo, estado civil, entre otros.

- **Psicográficos**: Agrupación basada en estilos de vida, valores, personalidad y actitudes. Por ejemplo, consumidores preocupados por el medio ambiente, entusiastas del deporte, amantes de la tecnología, etc.
- **Comportamentales**: Segmentación según el comportamiento de compra, como frecuencia de compra, lealtad a la marca, uso del producto, etc.

Empresas:
- **Tamaño de la Empresa**: Clasificación según el número de empleados, ingresos anuales o activos.
- **Sector Industrial**: Por ejemplo, sector manufacturero, sector tecnológico, sector financiero, etc.
- **Ubicación Geográfica**: Por ejemplo, empresas locales, regionales, nacionales o internacionales.
- **Comportamiento de Compra**: Segmentación basada en el comportamiento de las empresas, como frecuencia de compra, volumen, preferencias de compra, etc.

El **mercado de los contendientes,** son las empresas que ofrecen el mismo producto o servicio que nosotros, ¿te has puesto a pensar cuanta competencia tiene la tiendita de la esquina?

El analizar este tipo de mercado implica lógicamente conocer a nuestros competidores, pero como sabrás cuando realizaste en análisis FODA, todas las empresas tienen oportunidades y debilidades, la debilidad de la competencia puede ser nuestra fortaleza. Así que piensa, ¿cuál es tu valor añadido?, ¿qué es lo qué te diferencia de la competencia?

La siguiente actividad está diseñada para que puedas hacer un análisis del mercado de la competencia. La escala que utilizarás para cada columna consta del siguiente parámetro (siendo 1 lo más bajo y 5 lo más alto), evalúa cada inciso:

Del pinshi asco **1/2/3/4/5** Buenísimo como el tamal con lechuga

Check list	Mi empresa	Contendiente A	Contendiente B
Producto/servicio a) Calidad b) Características c) Diferenciación d) Garantías	Ejemplo: Calidad 3 (calidad intermedia, se justifica por el precio)	Calidad 5 (servicio plus, excelente calidad)	Calidad 1 (la calidad deja que desear, lo que provoca pérdida de clientes)
Precio a) Precio de venta b) Descuentos			
Distribución a) Canales de distribución b) Cobertura geográfica c) Disponibilidad			

d) Tiempos de entrega			
Marketing y publicidad a) Estrategias marketing b) Presencia en redes sociales c) Posicionamiento de marca			
Clientes y segmentación a) Perfil demográfico b) Lealtad de los clientes y seguimiento post venta c) Estrategias de retención de clientes			
Sumatoria puntajes			

Al comparar estos factores con los de tu competencia, considera el análisis FODA, para el desarrollo de estrategias más efectivas y tomar decisiones informadas, debes de ser disruptivo.

El **mercado de comerciantes,** gira entorno a la relación con los proveedores que nos proveen de insumos, es necesario tener una cadena de proveedores que nos aseguren el suministro continuo para poder operar.

Aunque pudiera parecer algo lógico, en ocasiones nos encasillamos con un solo proveedor debido a lazos emocionales, costumbre o el nombre que le quieras dar, lo cual es un factor de riesgo, ya que, si nos llegará a fallar este único proveedor, detendría nuestra operación totalmente.

Paso sin ver **1/2/3/4/5** Excelente

Check list	Proveedor 1	Prov. 2	Prov 3
Calidad			
a) Cumplimiento de calidad. b) Certificaciones de calidad. c) Garantías			
Costos			
a) Costo producto o servicio. b) Descuentos y términos de pago. c) Costos adicionales			
Capacidad de suministro			
a) Capacidad de producción b) Plazos de entrega c) Disponibilidad de stock			
Referencias			
a) Evaluaciones de terceros b) Reputación en la industria			

c) Años de experiencia			
Logística a) Proximidad geográfica b) Red de distribución c) Infraestructura logística			
Servicio al cliente a) Tiempo de respuesta b) Soporte postventa c) Comunicación y resolución de problemas			
Acuerdos comerciales a) Términos de contrato b) Política de devoluciones c) Condiciones de pago d) Cumplimiento de regulaciones			
Sumatoria Puntajes			

Para poder conocer un lugar y a la gente, *tienes que comer su comida.*

Emeril Lagasse

El *pronóstico de ventas.*

Un pronóstico de ventas consiste en realizar una estimación de nuestros productos o servicios a lo largo del tiempo para satisfacer las demandas de los clientes.

> **RAE**: *Pronosticar, predecir algo futuro a partir de indicios.*

Los pronósticos de ventas suelen basarse en datos históricos, en caso de no tenerlos, podríamos considerar ventas estimadas, según nuestros estudios de mercado. Una meta de ventas definirá cuando debemos de producir y los costos por tener ese stock en inventario, así como los gastos operativos.

Existen diversos métodos para elaborar un pronóstico de ventas, pero en este caso nos centraremos en este formato, básico pero funcional, sencillo pero contundente, pequeño pero juguetón.

	Producto O servicio	**Precio unitario**	**Cantidad estimada de ventas**	**Total**
Enero	Ejemplo: tenis nike z760	$1,460.00	8 pares	$11,680.00
Febrero				
Marzo				
Abril				
Mayo				
Junio				

Julio				
Agosto				
Septiembre				
Octubre				
Noviembre				
Diciembre				
			Total:	

Considera las estacionalidades o tú ciclo de ventas, en caso de que tu negocio tenga un ciclo de producción y venta específico, así como ventas más altas o bajas en períodos en particular.

Otro factor para tomar en cuenta distinguir es el costo de tus productos (cuanto te cuesta adquirir un producto u ofrecer un servicio) y el precio de venta (es el precio final que le darás al público, esto quiere decir, lo que te cuesta poder ofrecerlo más la utilidad esperada).

Te pongo un ejemplo de una tienda de ropa, ya que es crítico que sepas la diferencia entre el costo y el precio de venta, para que te pongas vivo y dejes tu celular a un lado durante los próximos 5 minutos:

1. **Costo de Producción o Adquisición**:
    - Costo de la playera: $5 por unidad.
2. **Gastos Generales**:
    - Gastos mensuales totales de la tienda: $2,100 (por renta, luz, agua, etc.)
    - Número estimado de playeras vendidas al mes: 400.
    - Gastos generales por unidad = $2,100 / 400 = $5.25 por unidad.
3. **Margen de Ganancia**:

- Deseas obtener un margen de ganancia del 50% sobre el costo total, o sea que, por cada dos pesos de venta, tu quieres ganar un peso.
4. **Precio de Venta**:
    - Costo de producción: $5.
    - Gastos generales por unidad: $5.25.
    - Margen de ganancia del 50% sobre el costo total: $5 +5.25 = 10.25 * 50% = $5.125.
    - Precio de venta sugerido: Costo de adquisición + Gastos generales por unidad + Margen de ganancia = $5 + $5.25 + $5.125 = $15.375
    - Esto quiere decir que un precio estimado de venta al público en general por cada playera sería de $15.375.
5. **Investigación de Mercado**:
    - Realizas una investigación en tiendas cercanas y encuentras que el precio promedio de playeras similares es de $13 a $18.
    - Considerando la calidad y el diseño de tu playera, decides que un precio de $15.375 es razonable y competitivo.
6. **Flexibilidad de Precios**:
    - Decides mantener el precio de venta en $15.375, pero puedes ofrecer descuentos especiales durante las temporadas de venta o promociones para clientes frecuentes si es necesario.

Ten un objetivo en mente, ¿apoco cuando necesitas dinero para irte a la playa no pronósticas tus ingresos para cubrir tus costos?, costos de traslado y del hotel, así como de los sueros que necesitarás comprar.

Marketing simplificado

Nos enfocaremos en las estrategias de marketing, estás, son un plan detallado diseñado para promover y vender un producto o servicio, mediante un conjunto de técnicas.

Recuerda que cualquier tipo de estrategia debe de ser medible, decía *William Thomson Kelvin* "*Lo que no se define no se puede medir. Lo que no se mide, no se puede mejorar*", esto aplica para cualquier cosa en la vida, al ahorrar para una casa, al iniciar una dieta, al estudiar...

¿Cuáles son tus objetivos?, aumentar las ventas, mejorar la visibilidad, aumentar la participación en el mercado, etc.

Aquí un consejo que te pudiera servir existe una metodología llamada SMART, la cual es aplicable a cualquier objetivo que tengas en mente, SMART (por sus siglas en inglés) significa que tu objetivo debe de ser: específico, medible, alcanzable, relevante y con un límite de tiempo.

¿Cuál es tu público objetivo?, estás de acuerdo que, si te dedicas a vender pañales, tu público objetivo no será un rango de edad de 50 a 70 años (o tal vez sí, si son pañales de adulto). Segmentar tu audiencia según la demografía, sus intereses, su comportamiento de compra y necesidades te permitirá adaptar tus tácticas de marketing.

Tácticas de marketing específicas. Según tu objetivo, puedes direccionar tu creación de contenido en redes sociales, publicidad en línea, optimización de motores de búsqueda (publicidad mediante Google), eventos, email de marketing, eventos promocionales, entre otras estrategias, deben de estar alineadas con lo que buscas.

Considera que debes de asignar un presupuesto adecuado y contar con el talento adecuado (personal o asesor externo) para cubrir los requerimientos de tu estrategia de marketing. A pesar de que publicar en redes sociales es gratis, te darás cuenta de que una buena campaña publicitaria no es un gasto, es una inversión y se puede pagar por si sola.

Consejo, hay bastantes tutoriales en YouTube si buscas "Campañas publicitarias de Facebook", o cualquier otra red social de tu agrado encontrarás material de sobra.

Dentro del amplio abanico de estrategias de marketing que son esenciales para el éxito empresarial, destacan las siguientes categorías:

1. **Estrategias de Crecimiento**: Se centran en el logro de metas específicas en términos de ventas, cuota de mercado o beneficios. Son como los puntos de destino en un mapa empresarial que guían a la organización hacia su objetivo final.

   Para ello, es crucial responder preguntas como: ¿Cuál es nuestra meta de ventas para el próximo año? ¿Qué cuota de mercado estamos buscando? ¿Cuál es el nivel de beneficios que deseamos alcanzar? Estas metas proporcionan un rumbo claro y medible para la empresa, lo que facilita la toma de decisiones y la asignación de recursos.

2. **Estrategias Competitivas**: En un mercado lleno de competidores, es fundamental que las empresas se planteen cómo pueden destacar y superar a otros actores del mismo sector. Estas estrategias están destinadas a mejorar la posición relativa de la empresa en comparación con sus competidores.

Para ello, es vital responder a preguntas como: ¿Dónde nos encontramos en relación con nuestros competidores actuales? ¿Cómo podemos escalar y diferenciarnos de manera efectiva en un mercado saturado? Las respuestas a estas preguntas ayudan a la empresa a comprender su posición y a diseñar estrategias que le permitan sobresalir y ganar ventaja competitiva.

3. **Estrategias de Ventaja Específica**: La ventaja competitiva es esencial para destacar en un mercado, ya sea a nivel general o en segmentos de mercado particulares.

Para descubrir estas ventajas, las empresas deben considerar: ¿Qué recursos o capacidades únicas tenemos a nuestra disposición? ¿En qué segmentos de negocio específicos podríamos destacarnos? ¿Tenemos ventajas tecnológicas, financieras, humanas u otras que podamos explotar de manera efectiva? Las respuestas a estas preguntas ayudan a las empresas a identificar sus puntos fuertes y a diseñar estrategias para capitalizarlos en el mercado.

Te dejo esta hoja rayada para que puedas realizar tu tarea, si la haces bien te ganaras tú estrellita en la frente 😊:

¿Cuáles son tus objetivos y tú público objetivo?_____
_____
_____

¿Qué técnicas específicas de marketing pudieras comenzar a implementar?
_____
_____
_____

Redacta tus estrategias de crecimiento:
_____
_____
_____

Redacta tus estrategias competitivas:
_____
_____
_____

Redacta tus estrategias de ventaja específica:
_____
_____
_____

Guía para crear una estrategia de marketing de contenidos:

Redes sociales (no aplica Tinder)

¿Cuántas horas dedicas al día a las redes sociales?, exacto, posiblemente ni tú lo sabes y menos cuando se te va la noción del tiempo "stalkeando" a tu ex, así que este es un buen medio para invertir en publicidad y promocionar tu negocio. Las redes sociales tienen un alcance masivo y una conexión directa con una audiencia global.

Beneficios de apalancarte mediante las redes sociales:

- **Visibilidad y alcance.** Ya sea que ofrezcas bienes o servicios, puedes atraer clientes potenciales de diferentes zonas geográficas, con un presupuesto al alcance de tu bolsillo.

- **Interacción directa.** Al tener interacción directa con tus clientes, podrás comprender mejor sus necesidades y deseos, con la finalidad de personalizar tus productos o servicios.

- **Costo-efectividad.** Los anuncios pagados en redes sociales se pueden ajustar a tu presupuesto y conforme a los resultados obtenidos.

- **Construcción de marca.** Con tu identidad única y contenido relevante, puedes establecer una imagen positiva y autentica en el mercado.

- **Segmentación del público.** Puedes dirigir tu publicidad a un público específico, según sus intereses, demografía y comportamiento en línea.

A continuación, un plan sencillo de marketing:

1 Establece tus objetivos ¿Aumentar visibilidad, atraer clientes, etc.	
2 Identifica tu audiencia ¿Quién es tu público objetivo, qué problemas resuelves para ellos?	

3 Elige la red social adecuada Facebook, Instagram, tik tok, msn para los que somos de los 90's	
4 Crea contenido de calidad Se único y original, mantén la autenticidad y consistencia de tu marca. ¿Cómo lo realizarás?	
5 Programa publicaciones Establece un calendario de publicaciones, para mantenerte activo de manera constante.	
6 Interactúa y escucha Responde a los comentarios y menciones de tu audiencia. ¿Cómo podrías satisfacer las necesidades de tus clientes?	
7 Evalúa y ajusta Analiza los resultados y sobre eso ajusta tu estrategia, potencia lo que si funciona y elimina lo que no (adiós popo a lo que no sirve).	

¿Con qué medios alcanzaremos nuestra meta?

3 Lo operativo

Vamo' a darle, ya estamos entrando en calorcito. La gestión operativa es la administración de todos los recursos involucrados en nuestra cadena de valor (recursos materiales, económicos, humanos, tecnológicos, etc.).

Lo anterior es fundamental para garantizar que las operaciones de una empresa se desarrollen de manera fluida y en línea con los objetivos estratégicos.

Te doy un ejemplo de lo anterior, imagina que, para marzo, qué es el mes en que tenemos más ventas proyectadas, derivado del ciclo económico de nuestro negocio, en consecuencia, debemos de considerar los recursos operativos necesarios, es decir, si vendemos tenis, necesitaremos comprar más tenis para no quedarnos cortos en cuánto a la venta, lo que representa más gastos, tal vez mayor personal, planificar la logística, requerir tecnología para el control de inventarios, etc.

Si no nos anticipamos, dejaremos de satisfacer a nuestros clientes, los cuales pudieran irse con la competencia en caso de que nosotros no cumplamos con su demanda.

Pronóstico de producción

La proyección de ventas que hicimos anteriormente se relaciona estrechamente con lo operativo, antes de vender necesitamos producir, si tenemos un pronóstico de ventas por lo tanto deberíamos de tener un pronóstico de producción, incluso si se tratará de servicios.

Si te dedicas a comercializar televisiones, el pronóstico de ventas sería igual a tu pronóstico de compras, ya que en este caso no manejarías producción. En cambio, si te dedicas a la transformación, se debe de considerar la capacidad instalada, plazos de entrega de los proveedores, los recursos disponibles entre otros aspectos operativos para garantizar la demanda.

Importancia del pronóstico de producción:
1. Planificación estratégica, para establecer metas realistas y anticiparse a desafíos futuros.
2. Optimizar recursos, al prever la demanda futura.

3. Garantizar los pedidos de los clientes de manera oportuna y satisfactoria, como una cervecita bien helada a las 4 de la tarde un sábado soleado.

Formato Detallado de Pronóstico de Producción para un producto en específico:

Información General:

- Producto/Servicio:
- Unidad de Medida (kg, servicio, pieza, etc.):
- Período de Pronóstico (día, semana...):
- Responsable del Pronóstico (persona):

Demanda Histórica (si no tienes datos de meses anteriores, pasa directo al análisis de tendencias):

Mes / Año	Demanda real
Enero 20xx	(En cantidad)
Febrero	
Marzo	
Abril	
Mayo	
Junio	
Julio	
Agosto	
Septiembre	
Octubre	
Noviembre	
Diciembre	
Total:	

Análisis de Tendencias:

- Tendencia de Crecimiento/Decrecimiento (¿esperas que tus ventas sigan aumentando o disminuyan a lo largo del tiempo?):

- Estacionalidad (en que meses tienes ventas altas, en cuales ventas bajas):

- Factores Externos (Ej. cambios en el mercado, competencia, economía, etc.):

Pronóstico de Producción:

Mes / Año	Demanda pronosticada
Enero 20xx	(En cantidad)
Febrero	
Marzo	
Abril	
Mayo	
Junio	
Julio	
Agosto	
Septiembre	
Octubre	
Noviembre	
Diciembre	
Total:	

Considerando la producción histórica, analiza su tendencia para pronosticar su tendencia a futuro, el análisis de tendencias también puedes aplicarlo en el pronóstico de ventas, van de la mano las ventas y la producción. Proyecta tu futuro hacía el éxito, visualízate en abundancia y en la riqueza (bueno..., esos temas new age no los veremos aquí).

Gestión de recursos y recursos materiales

Los recursos materiales son la lista de insumos requeridos para poder ofrecer nuestro producto o servicio al cliente, son como nuestras recetas, también conocidas como BOM (Listas de materiales).

A pesar de que en los servicios pudiera ser más difícil detectar los recursos materiales, también es posible hacerlo, si habláramos de un despacho pudieran ser hojas para la impresión de las declaraciones, tóner, papelería, agua para la atención a clientes y recursos intangibles como software, etc.

A modo ilustrativo, los recursos más comunes que pudiéramos llegar a utilizar serían:

- **Recursos humanos.** Vendedores u otro tipo de empleados, (solo ten cuidado en la siguiente práctica, para que quede claro para ti, ya que, si asignas un recurso humano para 10 productos, pudiera parecer que requieres de 10 vendedores, en lugar de uno).

- **Recursos financieros.** Préstamos, inversiones, financiamiento, requerido para poder operar.

- **Recursos materiales:** Son los bienes físicos que utilizarás en tus operaciones, por ejemplo, materias primas (en caso de que realices la transformación de un producto), maquinaria, herramientas, inventario, muebles o cualquier otro.

    En este punto también entra tu lista de materiales, por ejemplo, si tienes un restaurante, sería detallar tu receta para preparar diversos platillos.

- **Recursos Tecnológicos:** Aquí entra el software (licencias de programas, aplicaciones…), el hardware lo agregaremos en el siguiente capítulo.

- **Otro tipo de recursos.** Recursos intelectuales, naturales, recurso del tiempo…

- **Recursos espirituales:** No, de momento no consideramos a estos, solo números fríos como tus pies al anochecer.

En la siguiente tabla identifica los insumos o materia prima necesario para poder ofrecer tus productos o servicios.

Producto	Recurso	Cantidad	Costo
Producto 1			
Producto 2			
Producto 3			
Producto 4			
		Costo total:	

Bienes de la empresa (activos fijos)

Son todos los bienes tangibles que nos apoyarán a generar ingresos y que no están destinados a la venta. Como lo pudiera ser el equipo de transporte, mobiliario y equipo de oficina, edificaciones, etc.

En caso de no poder adquirir algún activo fijo en específico, siempre está la opción de arrendar o tercerizar, dependiendo de tu tipo de negocio, si estás iniciando desde cero no es mandatorio que compres toda tu lista de navidad de mil tipos de activos fijos antes de comenzar, inicia por lo básico.

Con tercerizar me refiero a, imagina que pondrás una paletería, en un inicio pudieras iniciar con un proceso artesanal en lo que vas adquiriendo todos los activos fijos, por otro lado, si hubiera un sabor de nieve muy exótico que requiera de un proceso especial, pero ves que alguien más lo comercializa al por mayor un costo menor, sería más conveniente comprarlo ya elaborado.

Otro ejemplo sería para la contratación de personal, actualmente es fácil contratar a un "headhunter", que significa, un cazador de talentos, de esta manera pudieras ahorrar en costos en caso de que por falta de experiencia realices una mala contratación. Ahora trasládalo, pero imaginando un escenario en donde te haga falta un activo.

Activo fijo	Cantidad	Valor monetario

Siéntete con total confianza de hasta agregar los muebles que le quitaste a tus papás sin pedirles permiso para empezar a amueblar tu changarro, será nuestro secreto.

Este es mi principal consejo a la gente:

Aprende a cocinar, prueba nuevas recetas, aprende de tus errores, no tengas miedo y sobre todo, diviértete.

Julia Child

Diagrama de flujo de procesos

Antes de pasar al flujo operativo, primero debemos definir el proceso de producción o ciclo del servicio, el cual será distinto en cada negocio, empieza identificando y enlistando los procesos clave necesarios para realizar tu actividad económica, posteriormente, podrás trasladarlo a un flujograma de procesos, esto es, un mapa con los procesos clave.

Aquí una pequeña guía:

Por ejemplo, si vendes en línea y tienes tu inventario de productos en tu casa, un proceso muy resumido sería el siguiente:

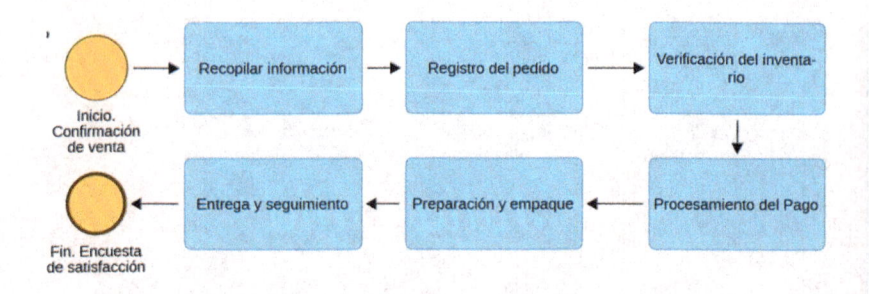

Inicio. Confirmación de venta → Recopilar información → Registro del pedido → Verificación del inventario → Procesamiento del Pago → Preparación y empaque → Entrega y seguimiento → Fin. Encuesta de satisfacción

El mapeo de un proceso es una herramienta muchas veces infravalorada para la gestión y operación en una empresa, a pesar de que muchos procesos sean lógicos, el hecho de tenerlos plasmados en papel te dará una perspectiva mucho más amplia que te permitirá mejorarlos.

Un ejemplo más completo sería el siguiente, aquí ya estamos hablando de un proceso específico con diferentes carriles, en donde asignamos a responsables por actividad, riesgos detectados, áreas de mejora, documentación por cada tarea o actividad, KPI (key performance indicator o indicadores clave de rendimiento), sistemas involucrados, entre otros.

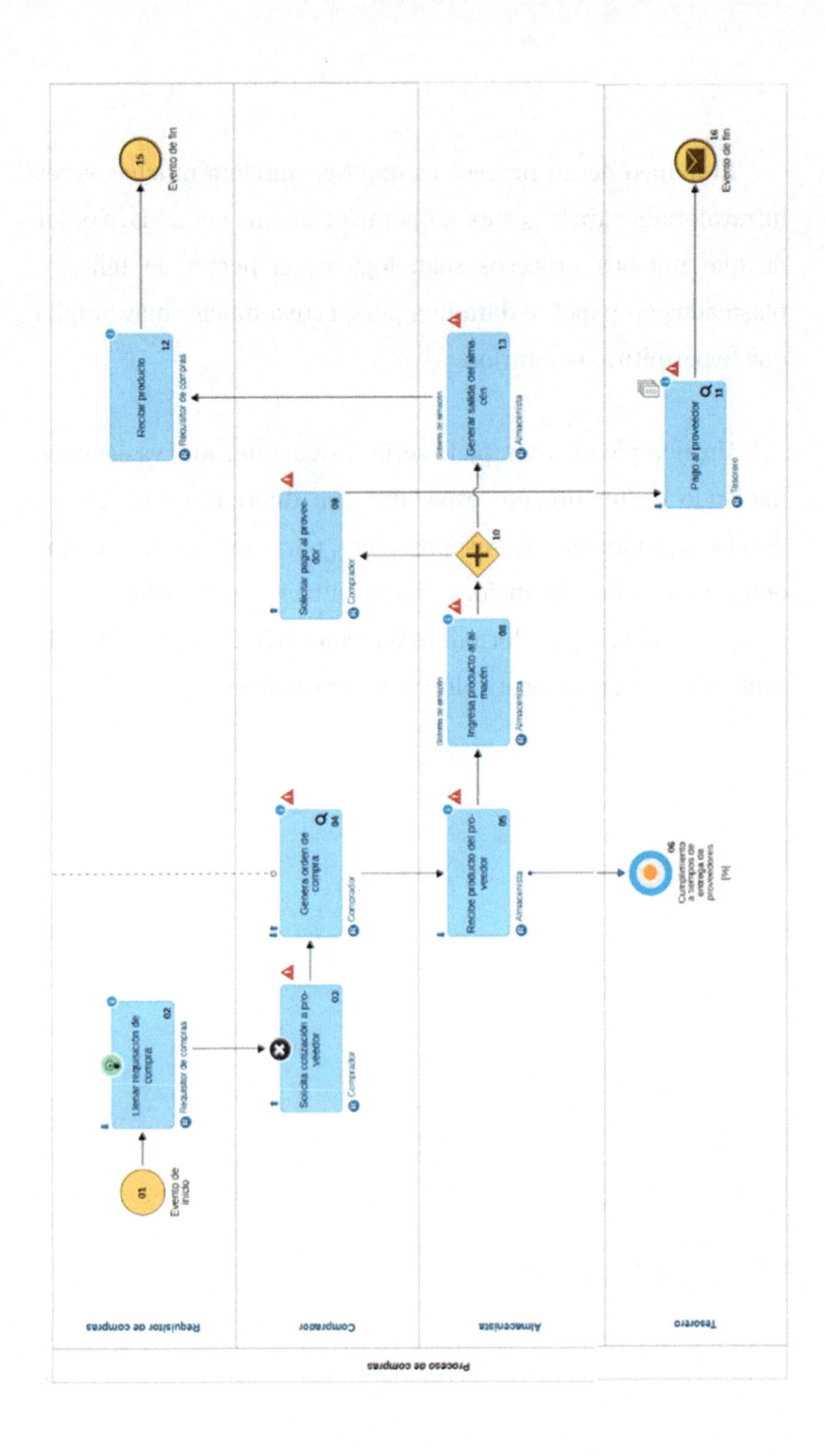

Como te habrás dado cuenta, además de qué este tema me agrada bastante, algunos de los beneficios de tener mapeados tus procesos son

- **Visualización clara**. ¿Recuerdas lo que comentábamos?, lo que no se puede medir, no se puede mejorar.
- **Identificación de ineficiencias**. Permite detectar áreas de ineficiencia, cuellos de botella, procesos duplicados.
- **Estandarización**. Sobre todo, si es una actividad que le delegaras a algún empleado.
- **Identificación de responsabilidades**. Facilita la asignación de tareas a personas distintas.
- **Reducción de costos**. Al detectar ineficiencias, se reducirán costos operativos.
- **Mayor satisfacción del cliente**. Un proceso eficiente, rápido, con pocos costos, se verá reflejado en el consumidor final.
- **Documentación y comunicación**. Aunque estés iniciando, recuerda la importancia de delegar actividades, o aunque ya tengas varios años en el mercado, para tener un ISO es importante la estandarización y documentación de cualquier proceso.

Aquí te dejo algunas herramientas para mapear procesos de manera sencilla:

Lucidchart	Adonis	Hubspot

Empieza creando una lista en orden de cada uno de tus procesos para producir o dar un servicio y posteriormente diagrámalo, para que forme para de tu documentación empresarial (es parte de la formalización de cualquier negocio), no hay problema si no entiendes en un inicio la simbología, lo importante es que de momento te sea funcional para ti, aunque cuando alguien más lo revise te vea con cara de preocupación:

Lista de procesos para ofrecer un producto o servicio:

_____
_____
_____
_____
_____

La localiseishon del negoseishon

Es indispensable analizar la **localización,** no será lo mismo tener un local en la orilla de la ciudad, que uno ubicado en la mejor zona comercial, con los fifí o gente bien.

No esperes a un escenario perfecto, en donde compres tu terreno y construyas para ya no pagar renta, o en donde se alineen los astros y encuentres un local en la mejor zona de la ciudad a mitad de precio, es mejor empezar con los pies sobre la tierra e ir avanzando sobre la marcha, reinvirtiendo las ganancias en el negocio.

	Opción A	**Opción B**	**Opción C**
Ubicación			
Renta mensual			

Tamaño del local m2			
Demografía del área			
Competencia en la zona			
Tráfico peatonal			
Estacionamiento			
Condiciones del contrato			
Facturación			

Utiliza los espacios en blanco para añadir otros puntos que consideres críticos a la hora de elegir el lugar más adecuado para arrendar.

Algo muy importante, considera tu presupuesto operativo, a pesar de que una buena localización te dará mayores beneficios, como acceso al mercado objetivo, exposición, reputación, entre otros, toma en cuenta que los primeros años son los más difíciles y la renta será un gasto fijo, o sea que es un gasto que debes pagar, aunque no tengas ventas.

Una ubicación estratégica puede aumentar las oportunidades de crecimiento, por lo que es importante realizar una investigación exhaustiva y considerar como se alinea la ubicación con los objetivos comerciales y el público objetivo.

Normas y compromisos

Existen diferentes normas que debemos de atender (no, no me refiero a tu vecina llamada Norma) por el simple hecho de vivir en una sociedad, las cuales pueden tener variaciones según la naturaleza del negocio, cada norma existente implica un compromiso de nuestra parte, algunas de las normas que tenemos son:

- **Normas sociales:** es importante considerar aspectos como la diversidad, igualdad de género, la no discriminación y la equidad. Esto se verá reflejado en un entorno inclusivo, donde también los empleados se sentirán respetados.

- **Normas ambientales:** Es importante ser conscientes del impacto general que pueda provocar el negocio, por lo que incluir la reducción de residuos, uso eficiente de los recursos, adopción de energías limpias y otras estrategias, te mantendrá al día con las buenas prácticas laborales.

- **Normas de higiene y seguridad:** esto va más allá de cumplir con las regulaciones obligatorias; implica crear un ambiente de trabajo seguro y saludable. Es importante proporcionar capacitación adecuada y garantizar que los empleados tengan acceso a equipos y entornos seguros.

- **Normas éticas:** La ética se debe de reflejar de manera íntegra, en las relaciones con los clientes, proveedores, empleados, entre otros.

También es de suma importancia apegarnos a la NOM (norma oficial mexicana) de la Secretaría del Trabajo y Previsión Social.) En el siguiente QR podrás ver más información de cada NOM, existen 5 clasificaciones principales, las cuales son:

Normas de seguridad, normas de salud, normas de organización, normas específicas y normas de producto.

¿Qué tipos de normas ya aplicas actualmente en tu negocio?, ¿qué áreas de oportunidad encuentras?

_____
_____
_____
_____
_____
_____
_____
_____
_____
_____
_____
_____
_____
_____
_____

Las personas lo son todo

4 El capital humano

No puedes cocinar si no te gustan las personas.

Joel Robuchon

El recurso más importante en todo negocio es el recurso humano (de seguro pensaste que el billete, pero no), por lo tanto, será uno de nuestros objetivos principales al momento de emprender, debemos fomentar una cultura en donde se promueva y apoye el talento humano, para que, a su vez, el cliente final sea cómplice del compromiso y pasión de cada trabajador.

Roles y estructura organizativa

La estructura organizativa de una empresa se compone de los roles que cada empleado desempeña, así como de sus actividades y responsabilidades distribuidas en diferentes niveles jerárquicos. Los puestos dentro de una estructura varían según el tamaño y el tipo de negocio de la empresa.

Al asignar roles de manera clara, evitarás confusiones y esfuerzos duplicados, un flujograma también puede ayudar a definir el alcance de cada actividad de una forma más analítica.

- **Claridad de roles y responsabilidades.** Es muy común que empresas familiares, exista confusión de parte de los trabajadores en cuanto a responsabilidades, lo que puede generar mal entendidos y confusiones, definir un rol te ayudará a anticiparte a este tipo de situaciones.

- **Comunicación efectiva:** Una estructura organizativa bien definida facilitará la comunicación, lo que agilizará las decisiones.

- **Adaptabilidad:** Ojo, así como nada está escrito en piedra, la estructura organizativa también se debe de ir adaptando a las necesidades del negocio.

Te comparto un ejemplo de estructura organizativa jerárquica, toma en cuenta que también existe la estructura organizativa plana, la matricial entre otras, pero la primera es de las más comunes.

En este punto, vale la pena definir las áreas funcionales, las cuales representan los departamentos o divisiones principales dentro de la empresa, las cuales pudieran ser:

- **Administración y finanzas**: Encargada de la dirección general de la empresa y toma de decisiones estratégicas, así como de los presupuestos, análisis de costos y gestión de tesorería. Aquí entra tesorería, contabilidad, finanzas...

- **Ventas**: Responsable de la generación de ingresos a Trávez de la venta de productos o servicios.

- **Producción**: Se enfoca en la producción o prestación de servicios, asegurando la entrega en tiempo en forma, conforme a estándares de calidad.

- **Marketing:** Encargada de la promoción y comercialización, para atraer clientes y aumentar las ventas.

- **I+D**: Se dedica a la innovación, investigación y desarrollo de nuevos productos.

- **Logística**: Responsable de la gestión de la cadena de suministro, el almacenamiento y distribución eficiente de los productos.

- **Áreas soporte, recursos humanos, tecnología de la información (IT)**: estos departamentos trabajan en estrecha colaboración con las áreas funcionales.

Entiendo que en inicio es factible que un solo trabajador realice 50 actividades, pero conforme crezca tu negocio, date cuenta de que el costo derivado de los errores que va a generar un empleado con sobre carga laboral, serán mayores a pagar sueldos de empleados especializados. ¡Compa, date cuenta!.

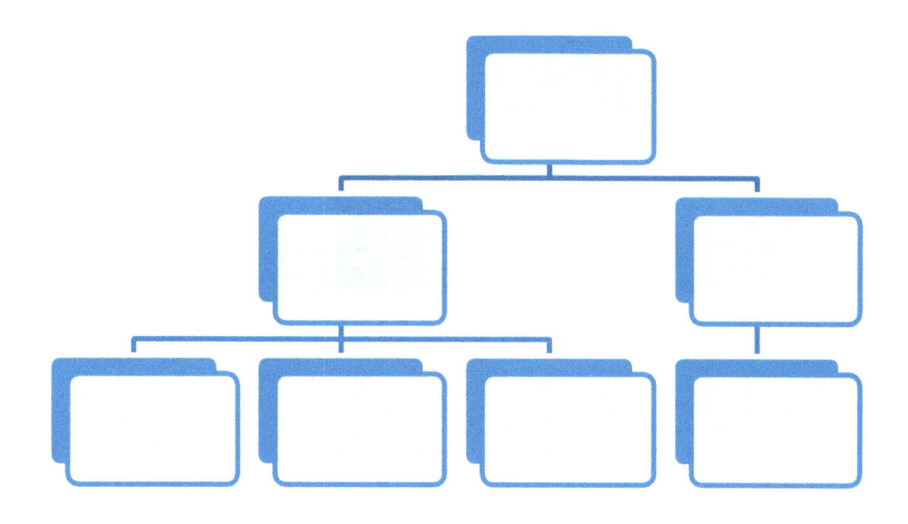

Adapta el formato anterior a la estructura organizativa de tu negocio, por ejemplo, iniciando de arriba hacia abajo, Dirección general – "tú nombre", bajo su supervisión están los departamentos de ventas y marketing, a cargo de Juana Reyes y por otro lado el departamento de Administración y finanzas, etc.

El organigrama está vivo y en constante actualización, al igual que el resto de los documentos que hemos estado realizando. Es importante que este organigrama esté al alcance de todos los miembros de tu negocio, para tener en claro cómo debe de fluir la información, en manera horizontal y vertical.

Te dejo un artículo con diez diferentes tipos de estructura organizacional, en caso de que consideres que la estructura jerarquica tradicional no se adapta a tus necesidades.

Talento y compensación

La gestión del talento humano (personal) es un componente crítico para el funcionamiento de cualquier negocio. Dependiendo del tamaño y la estructura de la empresa, es fundamental tener un control claro de las diferentes áreas, cargos y salarios del personal. Esto permite asegurar de que todos estén alineados con los objetivos estratégicos.

Recuerda que una manzana podrida puede echar a perder al resto de manzanas dentro de la cesta.

Área funcional					
Cargo					
Salario mensual					

Nombre del empleado					
Fecha de inicio					
Tipo de jornada					
Contacto					
Notas					

Al momento de realizar la planificación del talento humanos requerido, toma en cuenta el corto (menos de un año) y largo plazo (mayor a un año), para anticiparte a las necesidades futuras en función a tus objetivos de crecimiento.

A pesar de que el 55% de los trabajadores en México se encuentran en la informalidad, de acuerdo con datos del INEGI para el 2023, ¿si tu fueras un empleado no te gustaría de disfrutar de los beneficios de estar asegurado al IMSS?, no seas como el montón e inscribe a tus empleados en el IMSS, evita sanciones y multas a futuro.

Una vez platicando un peón en una obra, me dijo "ellos hacen como que nos pagan y nosotros hacemos como que trabajamos", y es bastante cierto, si realmente como patrón no buscas la manera de fidelizar a tus trabajadores, desde lo más básico no busques que ellos "se pongan la camiseta".

Existen varios impuestos que implica tener empleados, no vamos a entrar en detalle porque para este tema si o si te recomiendo apoyarte de un contador, ya que existen bastantes variables a tomar en cuenta y necesitaríamos examinar diferentes leyes, pero para darte una idea aproximada serían:

- Impuesto sobre nóminas, la tasa es del 3% para Jalisco.
- Retenciones de ISR, 1.92% al 35% y aplicar el subsidio al empleo en caso de que corresponda.
- Cuotas de seguridad social, aproximadamente el 26.5% del salario base de cotización.

Estos no se consideran impuestos, pero son las prestaciones mínimas de ley a las que tienen derecho los trabajadores en 2024:

- Aguinaldo 15 días de salario por año.
- Vacaciones 12 días (aumentando 2 días más por cada año adicional laborado en la empresa) y al disfrutar las vacaciones una prima vacacional del 25% sobre el salario base.
- Prima dominical, solo aplica en caso de que el trabajador labore en domingo, se le paga el 25% sobre el salario base.
- Licencia por maternidad, 3 meses, y paternidad, 5 días.
- Prima de antigüedad y prestaciones derivadas por renuncia o despido injustificado.
- Reparto de utilidades (en caso de haberlas)

¿Te parecen muchas prestaciones?. El punto está en cambiar la perspectiva, en México aún no existe una cultura contributiva, por lo que los impuestos y prestaciones se ven como un costo, siendo que en realidad se trata de una inversión, estarás invirtiendo en tu personal y en aportar tu granito de arena contribuyendo al gasto público del país.

Si..., ya me puedo imaginar tú perspectiva, quejas y dolencias, pero recuerda que el cambio inicia por uno mismo.

Desarrollo y gestión de roles y funciones

La identificación y desarrollo de las funciones en la gestión de personal, es un proceso esencial para cualquier emprendedor. Cada perfil de empleado desempeñará funciones específicas que contribuyen al éxito y funcionamiento eficiente de la empresa.

Las **principales funciones** dependerán de cada perfil, es importante identificar todas las actividades a realizar y los tiempos que se requieren para llevarlas a cabo. Algunas recomendaciones:

- **Definición de funciones y roles:** identifica las actividades necesarias para el funcionamiento de cada área o departamento. Cada área funcional tendrá roles específicos.
- **Desarrollo de descripciones de puestos:** Las descripciones de puestos son documentos detallados que

describen las funciones, responsabilidades y requisitos para un cargo específico.

- **Identificación de actividades y tiempos**: Es importante desglosar las funciones en actividades específicas y estimar el tiempo requerido para cada una, para esto te puedes apoyar de un flujograma por actividades.

- **Formación y desarrollo:** una vez definidas las funciones es importante proporcionar capacitación y desarrollo a los empleados para que puedan desempeñar sus roles de manera efectiva. Y no me refiero a que los pongas a ver tutoriales a modo capacitación en YouTube.

Ahí te va un ejemplo más detallado:

Descripción de Puesto - Ejecutivo de Cuentas

Área Funcional: Ventas

Descripción del Puesto:

El Ejecutivo de Cuentas desempeña un papel fundamental en el departamento de ventas y es responsable de establecer y mantener relaciones sólidas con los clientes, identificar oportunidades de ventas y cumplir con los objetivos de ventas establecidos. Este rol requiere habilidades de comunicación excepcionales, la capacidad de comprender las necesidades del cliente y la capacidad de presentar productos.

Funciones y Responsabilidades:

1. **Identificar Prospectos de Ventas:**
   - Investigar y prospectar clientes potenciales que se ajusten al perfil de la empresa.
   - Realizar un seguimiento activo de las oportunidades de ventas y las consultas entrantes.
2. **Presentar Productos a Clientes Potenciales:**
   - Comprender en profundidad los productos o servicios de la empresa y ser capaz de presentarlos de manera efectiva a los clientes.
   - Responder a preguntas de manera profesional.
3. **Negociación y Cierre de Ventas:**
   - Llevar a cabo negociaciones efectivas con clientes potenciales para cerrar acuerdos de venta.
   - Trabajar para alcanzar y superar los objetivos de ventas establecidos.
4. **Servicio al Cliente:**
   - Mantener relaciones sólidas con los clientes existentes, asegurando su satisfacción continua.
   - Gestionar consultas, quejas y solicitudes.
5. **Registro y Seguimiento:**
   - Registrar detalles de todas las interacciones con clientes en el sistema de gestión de relaciones con el cliente (CRM).
   - Realizar un seguimiento de los clientes potenciales y las oportunidades de ventas.

Actividades Clave:

- Realizar llamadas telefónicas y reuniones con clientes potenciales. Preparar presentaciones de ventas efectivas.
- Mantener un registro detallado de todas las interacciones.
- Colaborar estrechamente con otros departamentos, como marketing, para desarrollar estrategias de leads.

Tiempo Estimado (horas/semana): 40 horas

Es tu turno de lucirte:

Área y cargo 1	
Descripción de puesto	
Funciones y responsabilidades	
Actividades clave	
Tiempo estimado (horas/semana)	

Área y cargo 2	
Descripción de puesto	
Funciones y responsabilidades	
Actividades clave	
Tiempo estimado (horas/semana)	

Área y cargo 3	
Descripción de puesto	

Funciones y responsabilidades	
Actividades clave	
Tiempo estimado (horas/semana)	
Área y cargo 4	
Descripción de puesto	
Funciones y responsabilidades	
Actividades clave	
Tiempo estimado (horas/semana)	

4 Técnicas para definir roles y responsabilidades:

¿Soy el único que se imagina unos deliciosos roles esponjosos y aromáticos, con canela y un glaseado de crema de queso que se derrama sobre los roles al leer "rol"?, ¿no?, ¿nadie?, bueno.

Las recetas no funcionan a menos que utilices tu corazón.

Dylan Jones

El candidato ideal (¿a quién no le gustaría?)

El **proceso de contratación** es un conjunto de técnicas y procedimientos orientados a seleccionar los candidatos que se adapten mejor al perfil buscado. Existen diferentes formatos para ser aplicados en el proceso de contratación.

Una vez que ya tienes **identificadas tus necesidades** de personal y qué tienes detalladas las funciones **o descripción para el puesto**, puedes realizar el **proceso de reclutamiento** mediante diferentes canales, como portales de empleo en línea, redes sociales, agencias de empleo, ferias de empleo, entre otros. Es importante variar los métodos para atraer a un grupo diverso de candidatos.

Una vez que recibas las solicitudes, se procede a **la sección de candidatos**, esto implica revisar currículums, realizar entrevistas, pruebas de habilidades, verificación de referencias y cualquier otro proceso de evaluación que consideres necesario para determinar la idoneidad de los candidatos.

Posterior a la selección del candidato adecuado, se hace una **oferta de empleo formal.** Esta oferta suele incluir detalles como el salario, prestaciones de ley, responsabilidades del impuesto y cualquier otra información relevante.

Si el candidato acepta la oferta, comienza el proceso de **integración del nuevo empleado** en el negocio. Esto puede incluir la realización de trámites administrativos, la capacitación para el puesto, la presentación a los compañeros de trabajo y la familiarización con los procesos, a esto se le conoce como **inducción.**

Te comparto más información al respecto:

Hoy no mi chavo **1/2/3/4/5** ¿Cuándo inicias a trabajar? 😊

	Candidato 1	Candidato 2	Candidato 3
Habilidades interpersonales	Ejemplo: calificación 1 de 5 (poco sociable, no cumple.)	Calificación 5 de 5 (extrovertido y de buen trato, cumple con mi expectativa)	Ejemplo: calificación 3 de 5

Remuneración			
Experiencia laboral			
Nivel de estudio			
Habilidades técnicas			
Totales:			

Posiblemente más de algún familiar te lleve su C.V. todo bonito recién comprado en la papelería (las famosas hojas amarillas), pensando en que ya tiene el trabajo asegurado, por lo que debes de evitar un conflicto de interés y caer en favoritismos, ya que siempre debemos separar lo personal de lo profesional.

Entrevistas Finales:

Formato de Evaluación de Entrevista Final:

1. **Nombre del Candidato:**
2. **Puesto Aplicado:**
3. **Fecha de la Entrevista:**
4. **Entrevistadores Presentes:**
5. **Aspectos Evaluados:**
   - Claridad en las Respuestas
   - Experiencia Relacionada
   - Aptitud para el Puesto
   - Capacidad de Comunicación
   - Motivación y Actitud
   - Otras Observaciones:
6. **Puntuación de la Entrevista:**
   - Claridad: [Calificación del 1 al 5, siendo 5 mejor]
   - Experiencia:
   - Aptitud:
   - Comunicación:
   - Motivación:
7. **Observaciones Finales:**

Evaluación del desempeño (no por haber terminado de estudiar ya serás libre de evaluaciones)

La evaluación de desempeño es una práctica crítica en la gestión de recursos humanos que tiene el propósito de medir y analizar en rendimiento de los empleados, pudiéndose aplicar en diferentes momentos con distintos objetivos. En este contexto, analizaremos la evaluación temprana y la evaluación anual.

Te comparto este link con otros tipos de evaluación que también es importante considerarlos, según el objetivo buscado.

La evaluación temprana, generalmente se aplica al finalizar el período de prueba, el cual generalmente es de 3 meses mediante un contrato temporal, para definir si se pasará de contratación temporal a definitiva o si se terminará la relación de trabajo.

La evaluación anual, es una práctica común en la mayoría de las empresas, su objetivo es medir el desempeño de los empleados a lo largo de un año de calendario.

Algunos aspectos claves de la evaluación anual incluyen: revisión de objetivos y expectativas, ofrecer retroalimentación a los empleados sobre su desempeño, ofrecer una oportunidad para el desarrollo profesional e incluso, revisar alguna compensación salarial.

Este es un ejemplo de evaluación, recuerda que los formatos son una guía genérica, por lo que te recomiendo pasar los formatos a Excel para adaptarlos a tus necesidades:

Datos generales del empleado Nombre completo: Cargo: Fecha de ingreso: Área:		
Criterio	**Comentarios**	**Calificación** (mínimo 1, 2, 3, 4, 5 máximo.)
Autogestión		
Calidad		

Creatividad		
Relacionamiento		
Comunicación		
Responsabilidad		
	Total:	

Áreas de mejora:

Recomendación:

Evaluador: Cargo: Área: Período de evaluación:

Te comparto varias herramientas y métodos de evaluación que puedes aplicar a empleados que ya pasaron su período de prueba, con la finalidad de mejorar el rendimiento de tus colaboradores.

- **Evaluación de 360 grados.** Recopila retroalimentación de múltiples fuentes, incluidos supervisores, compañeros de trabajo y subordinados directos, para obtener una visión integral del desempeño de un empleado.

- **Escalas de calificación.** Utiliza escalas numéricas o de calificación para evaluar el rendimiento en áreas específicas, como competencias técnicas, habilidades interpersonales y cumplimiento de objetivos.

- **Entrevistas estructuradas.** Realiza entrevistas estructuradas con preguntas específicas diseñadas para evaluar el desempeño del empleado en relación con los criterios predefinidos.

- **Autoevaluaciones.** Permite a los empleados evaluar su propio desempeño y proporcionar retroalimentación sobre sus fortalezas y áreas de mejora desde su perspectiva.

Es fundamental reconocer la importancia de establecer límites claros entre las relaciones personales y profesionales en el entorno laboral, especialmente cuando se trata de la relación entre un supervisor y sus subordinados.

Aunque en el trabajo exista el ritual de ir los viernes por las cervezas, cheves, frías, güeras, morenas, kawasakis (en japones) o como quieras llamarles, es esencial mantener una separación clara entre la amistad y las evaluaciones de desempeño.

Protección en materia laboral

Ya para cerrar este capítulo, la cereza en el pastel sería considerar las diferentes aristas en materia de seguridad social y de la ley federal del trabajo, en cuánto a ordenamientos a seguir por los futuros patrones, los cuáles son, solo por mencionar algunos:

1. **Condiciones de trabajo justas:** las condiciones de trabajo justas son fundamentales para mantener la productividad de los empleados, recuerda que existen varios requisitos mínimos que establece la ley, como el salario mínimo, horas de trabajo y prestaciones mínimas de ley.

2. **Seguridad y salud en el trabajo:** la seguridad y la salud en el trabajo son prioritarias para proteger a tus empleados, lo cual va de la mano con la ley de seguridad social, la Norma Oficial Mexicana y las regulaciones inherentes a tu negocio.

3. **Derechos de tus trabajadores:** Tus empleados tienen derechos legales, como la libertad sindical, protección contra el despido injustificado y la no discriminación. Respetar estos derechos no solo es un deber, si no que fomenta una cultura de resto.

4. **Jornadas de trabajo:** La ley regula las jornadas de trabajo, incluyendo límites en las horas laborales y disposiciones sobre las horas extras.

Check list general del cumplimiento legal:

Aspectos a considerar	Cumplimiento (Sí/No)	Comentarios o Acciones Pendientes
Condiciones de trabajo justas		
Salario igual o mayor al mínimo		
Horas de trabajo		
Días de descanso		
Vacaciones y prima vacacional pagadas		
Aguinaldo		
Seguridad y salud en el trabajo		
Medidas de seguridad		
Equipo de protección personal		

Capacitación en seguridad		
Derechos de los trabajadores		
Contrato laboral por escrito		
No discriminación		
Libertad sindical		
Igualdad de género		
Seguridad social		
Registro en el IMSS		
Otros beneficios de seguridad social		

La lista anterior puede ser aún más extensa, pero por lo pronto, eso sería lo mínimo indispensable (casi nada, ¿verdad?). La tabla te permitirá realizar un seguimiento general del cumplimiento legal y de seguridad social. Asegúrate de apoyarte de un experto en la materia para asegurar el continuo cumplimiento de los requisitos legales en tu emprendimiento.

La protección de tu patrimonio no solo consiste en resguardar tus ahorros y ganancias en el banco, si no que debes de protegerte desde diferentes ángulos, incluyendo la protección laboral, la fiscal, lo financiero, protegerte de tu primo el "celostino" porque acabas de emprender, entre otros.

El SAT, el gran hermano

5 Lo fiscal

Te platico un poco sobre el SAT.

Te platico un poquitín sobre el SAT, (Servicio de administración tributaria) aproximadamente las 100 páginas que restan del libro para que lo conozcas como a la palma de tu mano, bueno (es broma para que no te asustes.)

El Servicio de Administración Tributaria, es una entidad gubernamental en México, encargada de la recaudación de impuestos y del correcto cumplimiento de las obligaciones fiscales

Como emprendedor (y aunque no lo fueras), debes de saber que tendrás un socio, cuyo nombre es SAT, el cual también será participé de las utilidades de tu emprendimiento, justo o no, eso ya es receta de otro mole de olla.

A continuación, profundizaremos en los aspectos más relevantes en materia fiscal que tendrán una relación directa con tu emprendimiento.

La vida adulta. Alta en el RFC, firma electrónica y otros trámites.

En un abrir y cerrar de ojos llegó la vida adulta, al cumplir 18 años, ya no solo te debes de preocupar por tramitar tu INE o por tomar tú primera cerveza (aunque ambos sabemos que lo hiciste desde más joven, pilluelo), ahora debes de agregar la inscripción al RFC (Registro Federal de Contribuyentes) al paquete.

El RFC, es una especie de "identificación" pero para efectos fiscales, este registro es esencial para operar de manera legal y cumplir con las regulaciones fiscales.

Ya sea que trabajes como profesional independiente, emprendas tu propio negocio o simplemente hubieras cumplido la mayoría de edad, te darás cuenta de que es necesario contar con tu Cédula de identificación fiscal (es una identificación como la INE, pero para efectos fiscales o tributarios).

¿Cómo se hace el trámite de inscripción al RFC?, es un proceso bastante sencillo, a pesar de que el portal del SAT está en constante cambio, hoy en día el procedimiento es mediante cita en el SAT y es el siguiente:

1. Ingresa al sitio web https://citas.sat.gob.mx/

2. Posteriormente, da clic a "Registrar cita"

3. Da click en Inscripción al padrón de contribuyentes Personas Físicas

4. Llena el formulario con tus datos:

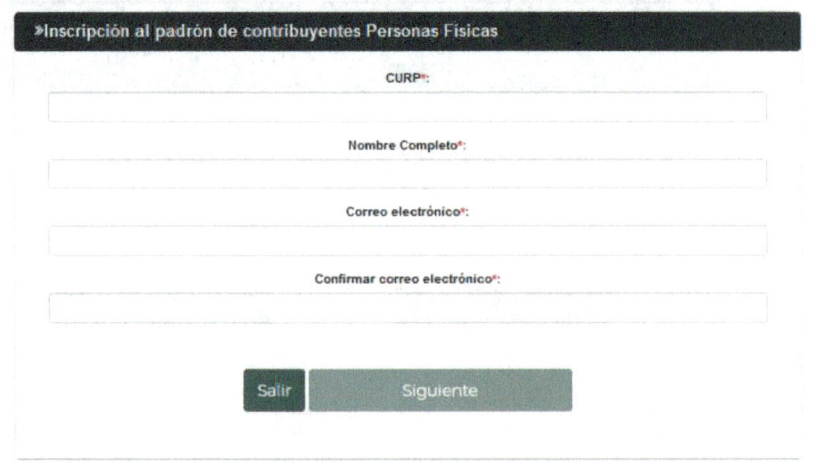

5. Tendrás 5 minutos para concluir el resto del trámite, lo primero es seleccionar el Servicio, que sería el de inscripción, después escoger la entidad federativa (Estado) en donde deseas ser atendido y el módulo que este más cerca a de tu domicilio.

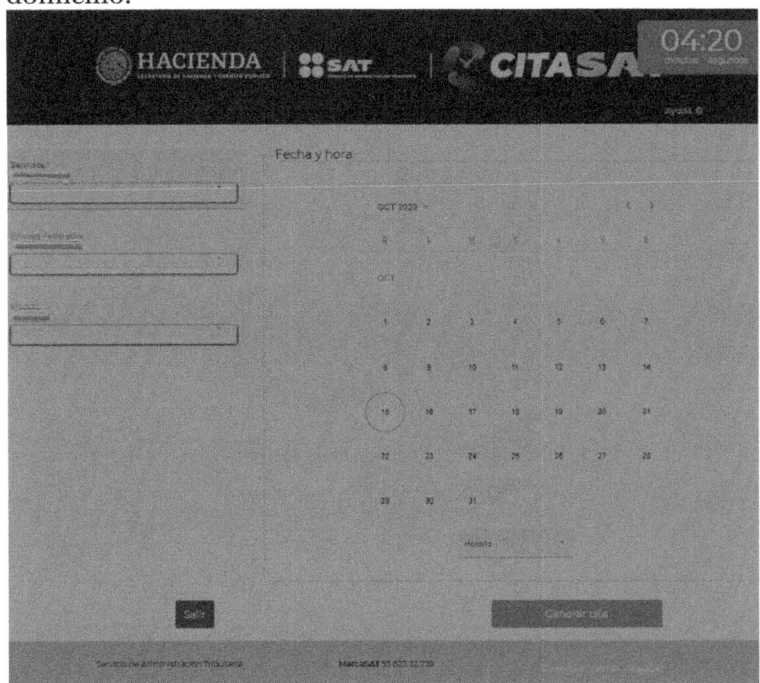

6. En caso de que no exista disponibilidad, te aparecera el siguiente recuadro, deberás seleccionar "Fila virtual", esto quiere decir que estarás en fila virtual para el trámite de

inscripción.

Atención

Lo sentimos, por el momento no se cuenta con disponibilidad para el servicio y el módulo seleccionado. "Ponemos a tu disposición el servicio de Fila virtual"

7. En caso de que selecciones la opción anterior, deberás revisar tu correo todos los días, porque en cualquier momento te puede llegar la confirmación para la cita (en ocasiones hasta a las 4 am llegan los correos, no es necesario que estes de paranoico revisandolo a esa hora, con una vez al día basta).

8. Caso contrario, si hubieran espacios disponibles para el trámite, los circulos del lado derecho te aparecerán en color verde, selecciona el día y el horario de tu preferencia, posteriormente da clic en la opción de "Generar cita", en la

parte inferior de la cita.

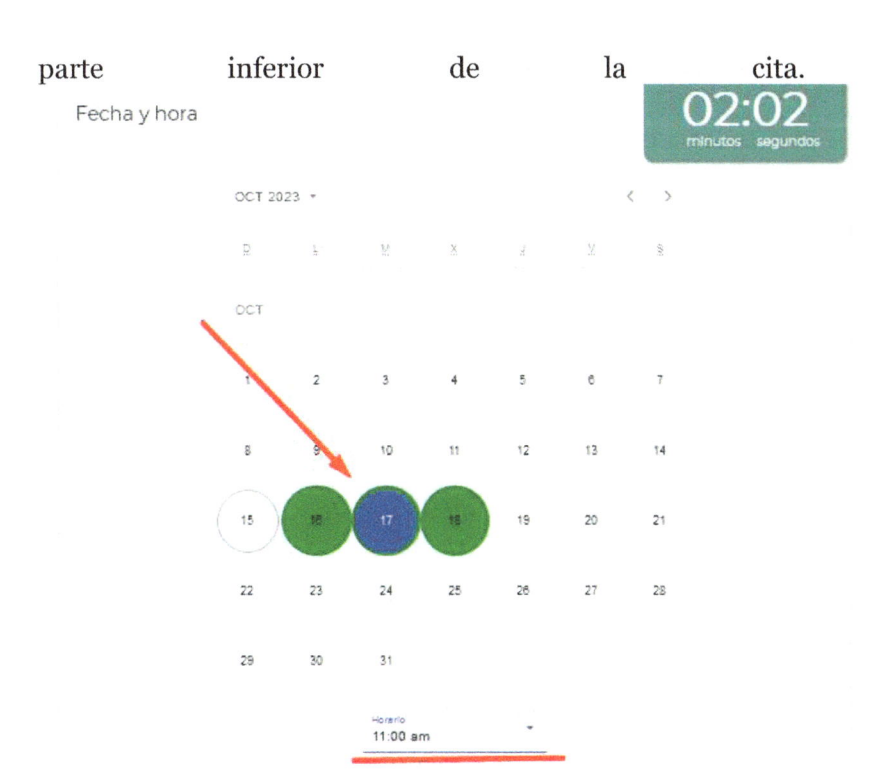

9. Te llegará el comprobante de confirmación de cita a tu correo, en dónde vendrá la dirección del módulo del SAT seleccionado, el día y la hora de tu cita, así como la documentación que deberás de llevar.

10. A pesar de ser un trámite sencillo nunca esta de más la asesoría de un contador, ya que en ocasiones la espera puede ser hasta de varias semanas, como para llevar un documento que no cumpla con las especificaciones del SAT y te rechacen el trámite.

En esta cita puedes hacer el requerimiento de la firma electrónica, solo necesitarás llevar de forma adicional una USB que este formateada. Esta firma electrónica será un medio alternativo para ingresar al SAT y para firmar de conformidad ciertos trámites legales o fiscales de manera digital, por tal motivo no sé la compartas a cualquier persona.

Una vez inscrito en el RFC y teniendo tu firma electrónica o e.firma, tu contador de confianza podrá hacer el resto de tramites requeridos para actualizar tu constancia fiscal.

Aprovechando la publicidad, en **GMX Contadores** te podemos apoyar con el resto de los trámites, para que te enfoques en lo que realmente importa, hacer crecer tu negocio.

Los impuestos y declaraciones

A pesar de que iniciar un emprendimiento es emocionante, también conlleva responsabilidades financieras, especialmente cuando se trata del pago impuestos, una de las cuatro contribuciones que existen.

Para empezar, ¿qué es una contribución?, según la Real Academia Española es: "Cantidad de dinero o de otro bien con que se contribuye para algún fin.", ¿qué fin?, te preguntarás, en este caso el fin es financiar los gastos públicos del país.

La constitución política de los Estados Unidos Mexicanos (CPEUM), en su artículo 31, fracción IV, indica lo siguiente:

"Artículo 31. Son obligaciones de los mexicanos:
...
IV. Contribuir para los gastos públicos, así de la Federación, como de los Estados, de la Ciudad de México y del Municipio en que residan, de la manera proporcional y equitativa que dispongan las leyes. ..."

Por el simple hecho de ser mexicanos, estamos obligados a contribuir a los gastos públicos, de acuerdo con nuestra capacidad contributiva, con el objetivo de satisfacer necesidades colectivas y del bien común, por ejemplo:

- Educación, salud, seguridad y justicia, infraestructura, desarrollo social, servicios públicos, cultura y deporte, pago de deuda pública, etc.

Los otros tipos de contribuciones según el Código Fiscal de la Federación son: aportaciones de seguridad social (este aplica al tener empleados subordinados, ya que el patrón tiene la obligación de proporcionarles seguridad social), contribuciones de mejora y derechos.

¿Cuáles son algunos de los impuestos a los que estamos sujetos al iniciar un emprendimiento? Lo principal es entender que existen diversas clasificaciones de impuestos, una de ellas divide en impuestos en municipales, estatales y federales.

- Los impuestos ISR (Impuesto Sobre la Renta), IVA (Impuesto al Valor Agregado), IEPS (Impuesto Especial Sobre Producción y Servicios) y el ISAN (Impuesto Sobre Automóviles Nuevos), son cobrados por el SAT, una autoridad **federal.**

- El ISN (Impuesto Sobre Nóminas), actividades mercantiles e industriales, tenencia de vehículo (refrendo), son cobrados por cada estado, siendo posible que cambie la tasa o tarifa según cada ley **estatal**.

- El impuesto predial, por mencionar uno, es cobrado por cada autoridad **municipal**.

Analicemos algunos de los impuestos con los que te empezaras a familiarizar, una vez que inicies a presentar declaraciones de impuestos:

- **Impuesto sobre la renta (ISR):** es un impuesto directo que se aplica a las ganancias o ingresos obtenidos. El ISR es un impuesto anual que puede tener pagos provisionales (abonos) mensuales.
    - ¿Alguna vez has analizado tus recibos de nómina?, una parte del salario de los trabajadores va destinada a cubrir el ISR cobrado por el SAT, como emprendedor, tendrás la obligación de realizar este descuento (retención) a tus trabajadores, y por

otro lado, pagaras ISR por los ingresos que generes.

- **Impuesto al valor agregado (IVA):** impuesto aplicado al consumo o goce de bienes o servicios, esto quiere decir que aplica para el consumidor final, por lo mismo se dice que es un impuesto indirecto.
    - o ¿Te has dado cuenta de que la mayoría de los productos que consumes tienen IVA?, por ejemplo, en la compra de electrodomésticos y diversos artículos del supermercado.
    - o Es importante considerar que existen diferentes tasas de IVA, al 16% (general), 0% (sector primario, medicamentos y alimentos) y actividades exentas de IVA.

- **Impuesto especial sobre producción y servicios (IEPS):** se trata de un impuesto indirecto al consumo, es similar al IVA, lo paga el consumidor final, se paga por la venta e importación de ciertos productos, como la gasolina, bebidas alcohólicas, cerveza, tabacos, refrescos, comida chatarra, fertilizantes, entre otros, también aplica para algunos servicios específicos.

- ¿Sabías qué las bebidas alcohólicas de más de 20° GL como el tequila, mezcal, whisky, vodka y algunas otras, pagan una tasa del 53% de IEPS?, más el IVA, así es, sale caro el vicio.

Para cerrar este tema, anteriormente ya te inscribiste al RFC y tramitaste tu firma electrónica, el siguiente paso es apoyarte de un contador para actualizar tus actividades económicas en el SAT, dicha actualización generara tus obligaciones fiscales a cumplir, las cuales pueden ser variables según las actividades que realices, así como su periodicidad de pago.

Tu constancia fiscal con las obligaciones fiscales a cumplir y su periodicidad, la puedes generar en la siguiente ruta (ojo, dependiendo de las actividades que vayas a realizar, pudiera cambiar las obligaciones fiscales y su periodicidad).

1. Ingresa a https://www.sat.gob.mx/

2. Selecciona la pestaña de "Personas"

3. Dentro de "Otros trámites" ve a la opción de "Genera tu constancia de situación fiscal"

4. El sistema te solicitará tu RFC y contraseña o firma electrónica.

5. Después de ingresar, elija la opción de "Generar constancia"

6. Guárdala en formato PDF.

Esta es una herramienta indispensable para sobrevivir a la vida de adulto con mayor facilidad.

Primero se come, y luego se hace todo lo demás.

M. F. K Fisher

Hasta los impuestos, pero eso no lo leíste aquí, eh...

¿Me asocio con mi compadre o me la rifo yo solo?

Al momento de emprender, es común que nos surja la duda de qué es más conveniente, en términos jurídicos-fiscales, podemos optar por iniciar como personas físicas o constituir una persona moral, pero ¿qué es esto?

- **Persona física:** es un individuo, es decir, una persona como tú o yo. Si eres emprendedor y no has creado una empresa legalmente, ante un notario o corredor público (esto lo veremos más a detalle en el siguiente capítulo), entonces eres una persona física. Esto quiere decir, que tú y tu empresa tienen la misma entidad desde el punto de vista legal.

Una persona física puede ser un vendedor, un comerciante, un empleado, un profesionista, entre otros, al igual que una persona moral, tiene derechos y obligaciones.

- **Ventajas:** Como persona física puedes iniciar un negocio de manera más sencilla y rápida. No tienes que lidiar con la complejidad de la creación de una entidad legal separada.
- **Desventajas**: La principal desventaja, es la responsabilidad personal. Si tu negocio enfrente problemas financieros o legales, tus activos personales como tu casa y ahorros, podrían estar en riesgo.

- **Persona moral:** es una entidad legal creada con el propósito de llevar a cabo actividades comerciales. Puede ser una sociedad anónima, una sociedad de responsabilidad limitada, una fundación, entre otro tipo de regímenes jurídicos.

Una persona moral (también llamadas sociedades), es una entidad legal independiente de sus dueños, esto quiere decir que tiene su propio patrimonio, obligaciones y responsabilidades legales. Cuando se constituye una persona moral ante un notario o corredor público, se crea su acta constitutiva, que sería como su acta de nacimiento, lo que le otorga derechos y obligaciones propias.

Otra forma de entender que es una persona moral, es un conjunto de personas físicas que se unen para la realización de un fin colectivo, el cual puede ser con fines lucrativos (generar utilidades) o sin fines de lucro.

- **Ventajas:** La principal ventaja es la limitación de la responsabilidad. Al contrario de una persona física, si la empresa enfrente problemas financieros o legales, tus activos personales generalmente están protegidos. Además de que una PM es más atractiva para inversionistas.
- **Desventajas:** El tenerle que vender tu alma al diablo. Crear una empresa puede ser más complicado y costoso que operar como persona física. Además, hay más regulaciones requisitos que debes cumplir, principalmente, en cuanto a la disposición de efectivo, ya que recuerda que se trata de un ente independiente, no debes de mezclar tus finanzas personales con la empresa.

Lo anterior, es solamente una pequeña pincelada, la elección entre ser una persona física o una persona moral depende de varios factores, como el tamaño del negocio, el nivel de riesgo involucrado, los objetivos financieros y las consideraciones fiscales.

Si estás empezando en el mundo del emprendimiento, mi recomendación es, comienza como persona física y luego, a medida que el negocio crece, considera migrar a una persona moral para limitar tu responsabilidad y atraer a inversionistas, más vale poco y bueno que mucho y malo, diría mi abuela (bueno, en realidad no dice eso, pero si toma las cosas con calma, ya que es fácil constituir una sociedad, pero no lo es deshacerte de ella).

Aspectos Para Considerar	Persona Física	Persona Moral (Empresa)
Limitación de Responsabilidad	Ilimitada	Generalmente Limitada
Requisitos de Constitución	Mínimos	Más Complejos y Costosos
Protección de Activos Personales	Ilimitada	Mayor Protección
Flexibilidad en la Toma de Decisiones	Alta	Puede Variar
Responsabilidad Fiscal	Más fácil y con tasas de impuestos preferenciales	Más complejo y costoso

Compartir Responsabilidades y Recursos	Ilimitado	Facilita la Asociación y la Inversión. Es más complejo disponer de los recursos de la sociedad.
Riesgo Financiero	Alto	Generalmente Reducido
Control sobre la Gestión	Total	Puede Variar
Crecimiento del Negocio	Limitado	Facilita el Crecimiento
Requisitos Regulatorios	Bajos	Más Regulaciones
Costos Iniciales y Operativos	Bajos	Generalmente Más Altos
Continuidad Empresarial	Ligada a la Persona, generalmente a la familia	Puede Continuar Después de Cambios
Percepción del Mercado	Varía según la industria	Mayor Credibilidad

¿De qué forma iniciarás tu emprendimiento y por qué?

_____

_____

_____

_____

Regímenes fiscales

Bajo el supuesto que ya tienes una idea más clara sobre que es más conveniente, si iniciar como persona física o como persona moral, el siguiente paso es, escoger tu régimen fiscal.

Un régimen fiscal es un conjunto de leyes, regulaciones y políticas tributarias que rigen la manera en que una persona física o empresa debe cumplir con sus obligaciones fiscales (pagar sus impuestos), o sea que determinaran los derechos y obligaciones, según el tipo de actividad económica (la actividad económica no es más que las actividades que realizarás para obtener ingresos).

Es importante que sepas elegir el régimen más adecuado según tu tipo de actividad, el régimen va de la mano con tus actividades económicas en el SAT (Servicio de Administración Tributaria).

De acuerdo con el SAT, los regímenes fiscales se clasificación de acuerdo con sus actividades e ingresos y son:

Regímenes fiscales para personas físicas:

- Régimen Simplificado de Confianza
- Sueldos y salarios e ingresos asimilados a salarios
- Régimen de Actividades Empresariales y Profesionales
- Régimen de Incorporación Fiscal
- Enajenación de bienes
- Régimen de Actividades Empresariales con ingresos a través de Plataformas Tecnológicas
- Régimen de Arrendamiento
- Intereses
- Obtención de premios
- Dividendos
- Demás ingresos

Regímenes fiscales para personas morales:

- General de ley
- Régimen simplificado de confianza para personas morales
- Personas morales con fines no lucrativos
- Sociedades cooperativas
- Coordinados

Los regímenes anteriores son los más comunes.

Ahora vamos a ver grosso en los que consideramos más comunes al emprender, de igual forma lo ideal es que para esta etapa te asesores de un contador, ya que a partir de este punto tendrás la obligación de comenzar a enviar declaraciones fiscales e informativas de manera periódica y su incumplimiento, puede derivar en multas, recargos y actualizaciones y en cosas que ni para que te asusto.

Clasificación de los principales regímenes fiscales de personas físicas:

Régimen simplificado de confianza (personas físicas)

El Régimen Simplificado de Confianza es una simplificación administrativa para que el pago del impuesto sobre la renta (ISR) se realice de forma sencilla, rápida y eficaz. Es el régimen por excelencia para los nuevos emprendedores que estiman ganar menos de $3,500,000.00 anuales en el año.

El objetivo de este nuevo esquema es la reducción de las tasas de este impuesto para que las personas que tengan menores ingresos, paguen menos. Algunas de las actividades que considera este régimen son:

- Actividades empresariales y profesionales
- Régimen de Incorporación Fiscal
- Uso o goce de bienes inmuebles (arrendamiento)
- Actividades Agrícolas, Ganaderas, Pesqueras o Silvícolas

La mecánica para el pago del ISR en este régimen es aplicar la tasa de ISR del 1% al 2.50% de forma directa sobre los ingresos facturados (entre más alto sea el ingreso, incrementará la tasa del ISR, siendo 2.50% la tasa máxima).

Régimen Actividades Empresariales y Profesionales

Si no puedes tributar en el régimen anterior, ya sea porque estimas ganar más de 3.5 millones de pesos en el año o seas socio de una persona moral, en cualquiera de esos escenarios, este régimen sería en indicado, en caso de hacerlo como persona física.

Pueden tributar aquellas personas físicas que obtienen ingresos por actividades comerciales (restaurantes, cafeterías, escuelas, farmacias, etc.), industriales (minería, textil y calzado, farmacéutica, construcción), enajenación de bienes, de autotransporte, actividades ganaderas, agrícolas, de pesca o silvícolas, prestación de servicios profesionales (médicos, abogados, contadores, dentistas, etc.).

El ISR a pagar en este régimen va del 1.92% al 35% sobre los ingresos, se calcula de manera tabular, entre más altos sean tus ingresos, mayor será el impuesto a pagar, a diferencia del régimen simplificado de confianza aquí puedes facturar ciertos gastos indispensables para disminuir el impuesto a pagar, a esto se le conoce como deducciones autorizadas. Te dejo unos QR para no saturarte de información y puedas explorar la página del SAT.

Régimen de las plataformas digitales.

Régimen de los ingresos por arrendamiento y en general por otorgar el uso o goce temporal de bienes inmuebles

Clasificación de los principales regímenes fiscales de personas morales:

Régimen general de ley

Régimen simplificado de confianza para personas morales.

Régimen de las personas morales con fines no lucrativos

Lo legal y lo no tan legal

6 Lo legal

Notario, corredor, fedatario, ¡Kha!

En caso de que hubieras optado por constituir una empresa (sociedad), lo primero que debes saber es la diferencia entre un notario, corredor y un fedatario público.

Un **notario** es un profesional del derecho que ha sido autorizado por el gobierno para desempeñar funciones notariales. Su función principal es autenticar o certificar documentos legales y actos jurídicos de derecho civil, mercantil o de otras materias. Esto incluye la redacción y certificación de contratos, testamentos, escrituras públicas, poderes notariales y otros documentos legales.

- Un notario te podrá ayudar a constituir una sociedad o asociación civil, así como sociedades mercantiles.

El **corredor** público también es licenciado en derecho, capacitado por el ejecutivo federal mediante Secretaría de Economía. A diferencia del notario, el corredor da fe pública exclusivamente en actos de derecho mercantil, por lo que se puede considerar en un especialista en temas mercantiles.

Dado lo anterior, nuestra recomendación es que, al ser funcionarios con campos distintos, cuando se trate de un trámite civil, un notario es el indicado, aquí pudiera entrar en caso de que desees constituir una sociedad sin fines de lucro o una sociedad civil, en cambio, si lo que quieres es una sociedad mercantil, derivado a que buscas obtener utilidades mediante la sociedad, el corredor se encuentra más especializado.

Un fedatario público es la denominación que se le da tanto al notario como al corredor público, ya que ambos dan fe pública, la fe pública no es más que la autentificación de documentos y hechos de acuerdo con la ley, cuando un documento lleva la firma o sello de una persona con "fe pública", se presume que es auténtico y válido, y su contenido es verdadero ante terceros, incluyendo dependencias gubernamentales.

¿Ves que no estaba tan complejo como parecía?, complejas mis clases de algebra de la prepa que nunca puse en práctica.

Tipos de sociedades

Ahondando en el tema anterior, podríamos decir que las empresas se pueden clasificar de acuerdo con su **forma jurídica,** propósito (fines de lucro o no) y estructura en:

1. **Sociedad Mercantil:**

    o **Propósito:** Las sociedades mercantiles se crean principalmente con fines de lucro y para llevar a cabo actividades comerciales y empresariales. Su objetivo principal es generar beneficios económicos para sus accionistas o propietarios.

    o **Responsabilidad:** Los socios o accionistas de una sociedad mercantil son responsables de las deudas y obligaciones de la empresa en proporción a su participación en la misma (o sea que solo responden de forma proporcional según sus aportaciones a la sociedad).

- **Ejemplos:** Ejemplos de sociedades mercantiles son las sociedades anónimas (S.A.), sociedades de responsabilidad limitada (S. de R.L.), sociedad por acciones simplificada (S.A.S.), sociedad en comandita por acciones, y otras formas legales utilizadas en negocios con fines de lucro.

2. **Sociedad Sin Fines de Lucro:**

   - **Propósito:** Las sociedades sin fines de lucro se establecen con el propósito de llevar a cabo actividades benéficas, caritativas, educativas, culturales u otras actividades de interés público. Su objetivo principal no es generar beneficios económicos, sino servir a la comunidad o lograr un propósito social.
   - **Responsabilidad:** En general, los fundadores y miembros de una sociedad sin fines de lucro no son personalmente responsables de las deudas de la organización. La responsabilidad se limita a los activos (bienes) de la organización.
   - **Ejemplos**: asociaciones, fundaciones, cooperativas sin ánimo de lucro, entre otras.

3. **Sociedad Civil:**

- **Propósito:** Las sociedades civiles suelen ser asociaciones de personas que se unen para llevar a cabo actividades que no son estrictamente comerciales ni necesariamente benéficas, como proyectos artísticos, deportivos, de investigación, culturales, entre otros. Pueden tener fines lucrativos o no, dependiendo de sus objetivos y acuerdos internos.
- **Responsabilidad:** Al igual que en las sociedades sin fines de lucro, la responsabilidad de los miembros de una sociedad civil puede estar limitada a los activos de la organización, pero esto puede variar según las leyes locales y la estructura de la sociedad civil.

Como recomendación, si decides iniciar mediante la constitución de una persona moral, buscas generar utilidades y prevés que no superarás los 5 millones de ingresos anuales, te recomendamos iniciar con la constitución de una sociedad por acciones simplificada.

La SAS, o sociedad por acciones simplificada, es un tipo de sociedad mercantil enfocado a emprendedores, debido a que permite constituir una sociedad de manera sencilla y rápida, algunos otros de sus beneficios son:

- Constitución de forma unipersonal, esto quiere decir que, a diferencia de las demás sociedades, no requieres de dos o más socios para crear tu empresa.
- No hay capital mínimo para la creación de la SAS,
- Tu patrimonio personal quedará protegido, solo responderás por el capital que hubieras aportado al momento de crear la SAS.
- No requieres de contratar un notario o corredor público.

Para constituir una SAS, requieres de tu firma electrónica y tener la autorización de la denominación de la sociedad. Sencillito para que no lo pienses dos veces y zaaaaaaz, como vas.

En caso de optar por constituir una sociedad, ¿cuál se adecua más a tus necesidades?

_____
_____
_____
_____

La excelencia está en la diversidad y el modo de progresar es conocer y comparar las diversidades de productos, culturas y técnicas.

Alain Ducasse

Ando de preguntón..., costos, tiempos..., (pasos para la constitución de empresas)

El proceso de constitución de una sociedad puede tener aristas diferentes, según el tipo de régimen jurídico, aquí te presentamos las características clave de las sociedades más comunes (SAS, SA, SRL), para que decidas y posteriormente puedas constituir tu sociedad. Veremos solo algunas de las más comunes en la práctica.

Sociedad por acciones simplificada.

- **Características:** ya platicamos sobre sus generalidades en capítulos pasados, así que si te brincaste temas anteriores, ivas pa' tras!.
- **Constitución:** Es la única sociedad mercantil unipersonal, que se constituye hasta las 24 horas, por medios electrónicos y sin intervención de notario o

corredor público y lo mejor de todo, de forma gratuita (salvo que te estén asesorando, lo cuál sería recomendable considerando que ya estás ahorrando dinero).

- **Capital social:** El capital social (esto no es más que el dinero o bienes que los propietarios de una sociedad aportan como una inversión inicial, para financiar el negocio y ponerlo en funcionamiento) puede ser a partir de $1.00.
- **Administración:** cuenta con un administrador único (el administrador único es el responsable de tomar decisiones en general a nombre de la sociedad y llevar a cabo decisiones comerciales de la empresa).
- **Responsabilidad de los accionistas:** está limitada hasta por el monto de sus aportaciones (ojo, el capital social que se aporta al crear una sociedad, te dará a cambio acciones, una acción es un documento físico o digital que representa las aportaciones realizadas a la sociedad).
  o Existen diferentes tipos de acciones, pero en general una acción te otorga derechos sobre la empresa, como a recibir dividendos (un pago de utilidades), derecho a votar en la toma de decisiones, derecho a los activos en caso de liquidación, entre otros.

- Fondo de reserva: no requiere, en otras sociedades si es necesario que la empresa tenga un fondo específico para cubrir gastos futuros, contingencias o inversiones estratégicas, con la finalidad de que la empresa tenga recursos suficientes en caso de necesidades inesperadas.
- Costo: no tiene costo.

Sociedad anónima.

- Es el tipo de sociedad más común en el mundo empresarial, pero no por eso significa que es el más adecuado para todos, una sociedad debe de ser como un traje a la medida. Dentro del mundo de las sociedades anónimas existen:
  - Sociedad anónima de capital variable (S.A. de C.V.), Sociedad anónima bursátil (S.A.B.), Sociedades anónimas promotoras de inversión (S.A.P.I.),
- **Características:** Se requiere de un mínimo de dos socios y que cada socio tenga al menos una acción, el capital social se divide en acciones, la responsabilidad de los socios se limita al pago de sus acciones (aportaciones) por lo que los socios no responden con su patrimonio personal.

- **Constitución:** Se constituye mediante fedatario público, como recordarás, un fedatario puede ser un corredor o un notario público, para este punto necesitarás:
- **Denominación o razón social:** (es el nombre de la sociedad), generalmente es conveniente tener al menos 5 nombres, en caso de que alguno ya hubiera sido utilizado previamente.
- **Objeto social:** es la declaración formal de las actividades y propósitos de la empresa que llevará a cabo como parte de su negocio, dicho en otras palabras, son las actividades por las cuales generaras ingresos, no está de más mencionarlo, pero el objeto social debe de ser licito, posible y concreto.
- **Datos generales:** datos de cada uno de los socios.
- **Inscripción ante el registro público de comercio:** el fedatario público que te apoye en la constitución de la sociedad, se encargará de inscribir la boleta que estará anexa al final del contrato de la sociedad, con la finalidad de que surta efectos ante terceros, lo que le otorgara seguridad jurídica.
- **Inscripción al RFC:** al tener derechos y obligaciones propios, la sociedad también debe de tener su RFC independiente al de los socios, con la finalidad de dar cumplimiento a las obligaciones fiscales que surjan de sus actividades económicas (objeto social).

- **Capital social:** El capital social mínimo para su constitución se establece en el contrato social, como mínimo son $50,000.00.
- **Administración:** el órgano de mayor jerarquía es la asamblea de accionistas, su órgano de administración puede ser unipersonal, administrador único o colegiado, consejo de administración.
- **Responsabilidad de los accionistas:** está limitada hasta por el monto de sus acciones (aportaciones) y no responden de forma personal por las deudas de la sociedad.
- **Fondo de reserva:** se requiere separar anualmente el 5% de las utilidades netas, hasta llegar al 20% del capital social.
- **Costo:** el costo es variable según el notario o corredor con el que se constituya la sociedad, pero el precio suele oscilar de los $10,000.00 hasta los $25,000.00 pesos.
- **Tiempo:** constituir una S.A. puede llevar desde varias semanas, hasta algunos meses, especialmente si hay una suscripción pública de acciones y otros detalles como la carga de trabajo del fedatario, disponibilidad de citas ante el SAT, si ya se tiene definido el objeto social y la estructura de la sociedad, entre otros.

Al constituir una sociedad, tendrás un acta constitutiva (también llamada contrato social), que es como el equivalente al acta de nacimiento de una persona física, este documento obligatorio da legalidad a la constitución de una sociedad.

Un acta constitutiva contiene información esencial sobre la empresa (es como un acta de nacimiento, pero un tanto más elaborado), contiene sus propósitos, estructura y funcionamiento, algunos de los elementos que son comunes en las actas de los distintos tipos de sociedades son:

- Nombre de la empresa (razón social)
- Objeto social
- Domicilio
- Duración (generalmente la duración suele ser de 99 años)
- Capital social (aportaciones de cada socio)
- Nombramiento de los administradores
- La manera en que se distribuirán las utilidades y en su caso las pérdidas de la sociedad.
- El importe del fondo de reserva
- Los casos en que la sociedad haya de disolverse anticipadamente.

Sociedad de responsabilidad limitada (S.R.L.)

- **Características:** es aquella donde los socios solo responden al pago de sus aportaciones, sin tener que comprometer su patrimonio personal.
- **Constitución:** se realiza mediante fedatario público, esta sociedad puede tener desde 2 hasta 50 socios.
- **Capital social:** requiere un mínimo de $3,000.00 pesos mexicanos de capital social, que debe de ser aportado al constituir la sociedad.
- **Administración:** esta sociedad puede ser operada por un gerente o varios Administradores, ya sean socios o personas ajenas a la sociedad.
- **Responsabilidad de los accionistas:** la responsabilidad de los socios es únicamente hasta por el monto de sus aportaciones a la sociedad.
- **Fondo de reserva:** se debe separar anualmente el 5% de las utilidades para el fondo de reserva.
- **Costos:** los costos oscilan en un rango similar al de la sociedad anónima.
- **Tiempo:** constituir una SRL puede llevar desde unos pocos días hasta un par de semanas.

Y si después de toda esta información aún sigues de preguntón, no dudes en consultar a los expertos.

Si quieres ser un gran chef,
tienes que trabajar con grandes chefs.
Y eso fue exactamente lo que hice.

Gordon Ramsay

Propiedad intelectual, aviso de confidencialidad y de privacidad.

Propiedad **Intelectual:** se refiere a los derechos legales otorgados a las creaciones de la mente, como obras literarias, artísticas, invenciones, marcas comerciales y diseños industriales. Estos derechos permiten a los creadores o titulares proteger sus obras y controlar su uso. Los principales tipos de propiedad intelectual incluyen:

- **Derechos de autor**: Protegen obras literarias y artísticas, como libros, música, películas, software y otros contenidos creativos.
- **Marcas comerciales**: Protegen signos distintivos que identifican productos o servicios, como logotipos y nombres de marcas.
- **Patentes**: Protegen invenciones y procesos novedosos.

- **Diseños industriales**: Protegen la apariencia de un producto.

Los derechos de propiedad intelectual otorgan a los titulares el derecho exclusivo de usar, reproducir y distribuir sus creaciones, lo que les permite monetizar su trabajo y evitar la copia no autorizada. Como emprendedor te interesa el registro de propiedad de tu marca comercial y slogan, en caso de que aplique, que tal que después te vuelvas famoso y la competencia utilice tu nombre comercial.

Aviso de Confidencialidad: Un aviso de confidencialidad, a menudo conocido como un acuerdo de no divulgación, es un documento legal que se utiliza para proteger la información confidencial compartida entre partes. Establece las condiciones bajo las cuales la información confidencial puede ser compartida y utilizada, y generalmente prohíbe a la parte receptora divulgar o utilizar esa información para fines no autorizados.

Los acuerdos de confidencialidad son comunes en situaciones comerciales en las que las partes necesitan compartir información sensible, como secretos comerciales, tecnología, estrategias de marketing o datos financieros, pero desean mantener esa información protegida y evitar su uso indebido.

Aviso de Cookies: Un aviso de cookies es un mensaje o notificación que se muestra a los visitantes de un sitio web para informarles sobre el uso de cookies y obtener su consentimiento para recopilar datos a través de ellas.

Las cookies son pequeños archivos de texto que se almacenan en el navegador del usuario y se utilizan para rastrear la actividad del usuario en línea, personalizar la experiencia del sitio web y recopilar datos analíticos. Hablando de eso, antes de continuar, voy por unas cookies con leche.

Aviso de Privacidad: Un aviso de privacidad es un documento que informa a los individuos sobre cómo se recopilan, utilizan y protegen sus datos personales por parte de una entidad, como una empresa u organización. Por ejemplo, si tienes un sitio web y recabas los datos de clientes potenciales, debes contar con un aviso de privacidad, para resguardar esos datos sensibles, no vaya siendo que te pongas a hacer travesuras con la información de terceros.

El aviso de privacidad debe proporcionar información sobre qué datos se recopilan, con qué fines se utilizan, cómo se almacenan y protegen, y cómo los individuos pueden ejercer sus derechos de privacidad, como el derecho de acceso y el derecho al olvido. Es importante que las empresas sean transparentes y cumplan con las regulaciones de privacidad al redactar y publicar sus avisos de privacidad.

Recuerda dedicarle tiempo a la propiedad intelectual, ya que un problema legal puede resultar bastante caro, no vaya siendo que después te aplique la frase "muerto por jugarle al valiente".

Te comparto un ejemplo ilustrativo de aviso de privacidad:

Nosotros, _____, respetamos y protegemos su privacidad. Este aviso describe cómo recopilamos, usamos y protegemos la información personal que usted nos proporciona. Al utilizar nuestros servicios, usted acepta los términos de este aviso de privacidad.

Recopilación de Información: Recopilamos información personal que usted nos proporciona voluntariamente, como nombre, dirección de correo electrónico, número de teléfono, etc.

Uso de la Información: Utilizamos la información personal recopilada para proporcionarle los servicios solicitados, mejorar nuestros productos y servicios, enviarle comunicaciones, etc.

Protección de la Información: Implementamos medidas de seguridad para proteger su información personal contra accesos no autorizados, pérdida, alteración o divulgación.

Divulgación de Información: No compartiremos su información personal con terceros, excepto cuando sea necesario para proporcionarle los servicios solicitados o cuando estemos obligados por ley.

Consentimiento: Al proporcionarnos su información personal, usted consiente el uso y procesamiento de dicha información de acuerdo con este aviso de privacidad.

Cambios en el Aviso de Privacidad: Nos reservamos el derecho de actualizar o modificar este aviso de privacidad en cualquier momento. Los cambios entrarán en vigor al ser publicados en nuestro sitio web.

Contacto: Si tiene alguna pregunta sobre este aviso de privacidad o sobre el manejo de su información personal, no dude en contactarnos a través de [correo electrónico/teléfono/dirección].

Atentamente: _____

Materia contractual

La materia contractual es un tema central en el ámbito del emprendimiento, ya que los contratos son herramientas fundamentales para establecer y gestionar relaciones comerciales, acuerdos y transacciones. Se que en un inicio es muy fácil irse a la cómoda y solamente tener "acuerdos verbales", pero recuerda que las palabras se las lleva el viento y dentro de varios años cada persona puede tener una versión muy distinta...

Importancia de los Contratos en el Emprendimiento:

- **Establecimiento de Acuerdos**: Los emprendedores utilizan contratos para formalizar acuerdos comerciales y definir las expectativas entre las partes involucradas.
- **Protección de Intereses**: Los contratos sirven para proteger los intereses de las partes involucradas. Definen los derechos y obligaciones de cada parte, lo que ayuda a prevenir conflictos y malentendidos.
- **Responsabilidad Legal**: Los contratos también pueden especificar las consecuencias legales en caso

de incumplimiento, proporcionando un marco legal para resolver disputas.

2. **Tipos de Contratos Relevantes para Emprendedores**:

   o **Contrato de Socios**: Cuando se inicia un negocio con otros, es común establecer un contrato de socios que detalla la propiedad, las responsabilidades y las decisiones de gestión.
   o **Contrato de Cliente o Proveedor**: Los contratos de servicios o compraventa de productos pueden definir términos de pago, entregas y expectativas.
   o **Contrato de Empleados**: Para contratar empleados, es crucial tener contratos laborales que establezcan salarios, horarios, tareas y políticas de la empresa.
   o **Contrato de Inversión**: Si se busca financiación, se pueden celebrar acuerdos de inversión con inversores o capitalistas de riesgo. Estos contratos establecen los términos de la inversión y las expectativas de retorno.
   o **Contrato de Arrendamiento**: Si se requiere un espacio físico, el contrato de arrendamiento especificará los términos de alquiler, como el plazo y las responsabilidades del arrendador y del

arrendatario. Sin contrato de un día para otro te puedes quedar sin tu changarro.

3. **Elementos Clave de un Contrato**:

    o **Partes Involucradas**: Es esencial identificar claramente a todas las partes involucradas en el contrato, incluyendo sus nombres y roles.

    o **Consideración**: Esto se refiere al valor intercambiado en el contrato, que puede ser dinero, bienes, servicios u otras consideraciones.

    o **Términos y Condiciones**: Los contratos deben especificar de manera precisa los términos y condiciones del acuerdo, como plazos, obligaciones, fechas de entrega, precios, etc.

    o **Cláusulas de Terminación y Resolución**: Los contratos deben incluir cláusulas que describan cómo se puede dar por terminado o resolver el acuerdo, en caso de incumplimiento o cambio de circunstancias.

    o **Leyes Aplicables y Jurisdicción**: incluir una cláusula que establezca qué leyes se aplicarán y qué tribunal tendrá jurisdicción en caso de disputas, recuerda que las peleas pasan hasta en las mejores familias.

4. **Asesoramiento Legal en Materia Contractual**:
   o Dado que los contratos pueden ser complejos y tener implicaciones legales significativas, es fundamental contar con asesoramiento legal de un abogado con experiencia en derecho empresarial, si, aunque puedas comprar los formatos en una papelería y descargarlos de internet, existe un mundo de diferencia.

Sé que lo has escuchado cientos de veces, pero siempre revisa las letras pequeñas antes de firmar cualquier documento, no sea que le vendas tu alma al diablo.

Área	Contrato Existente	Descripción del Contrato
Socios	[ ] Sí	Establece la propiedad, roles y decisiones entre los socios.
Clientes y Proveedores	[ ] Sí	Define términos de pago, entregas y expectativas.
Empleados	[ ] Sí	Contrato Laboral: Esencial para empleados, establece salarios, horarios, tareas y políticas de la empresa.
Inversión	[ ] Sí	Detalla términos de inversión y expectativas de retorno con inversores.
Arrendamiento	[ ] Sí	Especifica términos de alquiler y responsabilidades del arrendador y arrendatario.

Licencias municipales

Las licencias municipales son autorizaciones emitidas por las autoridades locales, que permiten a las empresas, propietarios de propiedades y particulares llevar a cabo actividades específicas dentro de un área geográfica determinada y para garantizar que las actividades comerciales cumplan con las regulaciones locales y no representen un riesgo para la salud, seguridad o el bienestar de la comunidad (así es, todo eso).

Permiso de uso de suelo: Este permiso es necesario para que puedas operar tu negocio en un lugar específico. Deberás verificar que el lugar donde deseas abrir tu negocio tenga el uso de suelo adecuado. No en todos los lugares puedes poner una tienda, para que desde ahorita te pongas abusado si ya te endeudaste con tu crédito INFONAVIT para poner tu negocio.

Licencias de funcionamiento: Esta licencia se otorga después de haber cumplido con los requisitos del permiso de uso de suelo y la declaración de apertura.

Anuncio exterior: Deberás obtener un permiso especial para ello y pagar los permisos correspondientes (correcto, hasta por esto cobran).

Registro Federal de Contribuyentes (RFC): Es necesario que te registres ante el Servicio de Administración Tributaria (SAT) para poder emitir facturas y cumplir con tus obligaciones fiscales.

Programa contra incendios: Deberás contar con un programa contra incendios aprobado por las autoridades correspondientes.

Medidas sanitarias: Es importante que cumplas con las medidas sanitarias establecidas por las autoridades correspondientes para garantizar la seguridad e higiene en tu negocio.

Otros permisos:
- Permiso de funcionamiento del local (puede requerir aprobación de Protección Civil).
- Permiso de la Secretaría de Salud para manipulación de alimentos.

- Permiso de venta de alcohol, que generalmente se obtiene de la Comisión de Regulación de Bebidas Alcohólicas.
- Permiso de impacto ambiental, si es necesario.
- El permiso de los matones que controlan el barrio, iah, verdad!.

Proceso de Obtención de Licencias Municipales:

El proceso de obtención de una licencia municipal varía según la ubicación y el tipo de licencia, pero generalmente implica los siguientes pasos:

1. **Solicitud**: El solicitante debe completar una solicitud que describa la naturaleza de la actividad o negocio y proporcione información sobre el cumplimiento de los requisitos locales.
2. **Pago de Tasas**: Por lo general, se requiere el pago de una tarifa o impuesto para procesar la solicitud y otorgar la licencia.
3. **Inspecciones y Cumplimiento**: En algunos casos, las autoridades pueden realizar inspecciones para garantizar que la actividad cumple con las regulaciones locales.
4. **Aprobación**: Una vez que se cumplan todos los requisitos, se emite la licencia, que generalmente tiene

una fecha de vencimiento y debe renovarse periódicamente.

Importancia de las Licencias Municipales:

- **Cumplimiento Regulatorio**: Las licencias municipales aseguran que las actividades comerciales y otras acciones se lleven a cabo de manera segura y en cumplimiento de las regulaciones locales.
- **Protección Pública**: Estas licencias también protegen a la comunidad al garantizar que las actividades no representen riesgos para la salud o al medio ambiente.
- **Ordenamiento Urbano**: Contribuyen al ordenamiento urbano y la planificación del desarrollo sostenible, evitando usos inapropiados del suelo.
- **Generación de Ingresos**: Las tarifas de licencia pueden representar una fuente de ingresos para el municipio, que puede destinarse a servicios públicos.

¿Con qué licencias y permisos cuento? (no aplica el permiso de tu novi@ para salir con tus amigos, ¡eh!.)

_____

_____

¿Qué licencias debo de tramitar?

_____

_____

Los números también son bonitos y más cuando hablamos de ganancias

7 Las finanzas

Importancia de la información financiera.

La gestión financiera nos ayudará a determinar la viabilidad económica de nuestro negocio. Además de permitirnos analizar los indicadores financieros que nos ayudarán a la toma de decisiones y definir estrategias operativas.

Imagina que los estados financieros son como una radiografía para un médico, le sirven para realizar un diagnóstico general. Lee los números y escucha todas las grandes historias que te pueden contar, los números son fríos como tu "crush", son directos y necesarios.

1. Toma de Decisiones Empresariales:

- **Evaluación de Rendimiento**: La información financiera permite evaluar el rendimiento de la empresa a lo largo del tiempo.

- **Inversiones y Financiamiento**: la información financiera la utilizan los inversores para determinar si invertir en la empresa es una decisión prudente. La información financiera proporciona una visión de la capacidad de la empresa para generar ingresos y reembolsar deudas.

2. **Planificación Estratégica:**

- **Desarrollo de Estrategias**: La información financiera ayuda a las empresas a definir objetivos, identificar áreas de mejora y evaluar la viabilidad de proyectos futuros.
- **Presupuestación y Control**: Los datos financieros se utilizan para crear presupuestos y establecer objetivos financieros. Luego, estos presupuestos se comparan con los resultados reales para controlar el rendimiento y ajustar la estrategia según sea necesario.

6. **Evaluación de Riesgos:**

- **Gestión de Riesgos**: La información financiera ayuda a las empresas a identificar riesgos financieros y tomar medidas para mitigarlos. Por ejemplo, puede ayudar a prever problemas de flujo de efectivo.

7. **Acceso a Financiamiento:**

- **Crédito y Préstamos**: Los prestamistas y bancos utilizan información financiera para evaluar la capacidad de una empresa para pagar préstamos y créditos.

Siempre he creído que un buen manejo de las finanzas empieza por uno mismo, o sea, por las finanzas personales, si en cuanto tienes un ahorro ya estás buscando en que gastarlo en compras en plataformas digitales, un nuevo traje de dinosaurio para tu perrito, salir a comer al restaurante más "nice" de tu ciudad, salir de viaje, etc., entonces te recomiendo el siguiente diplomado gratuito de educación financiera de la CONDUSEF.

Tampoco no quisiera que te conviertas en tu tacaño extremo, pero si es importante que cuentes con una educación financiera mínima que te permita alcanzar tus metas de una manera más fácil.

Estado de posición financiera
(lo que tengo y lo que debo)

El Estado de Posición Financiera (EPF), es un estado financiero fundamental que proporciona una visión instantánea de la situación financiera de una empresa en un momento específico. Este documento refleja los activos, pasivos y el patrimonio neto de la empresa, lo que se traduce en lo que la empresa posee y sus derechos (activos), lo que debe (pasivos) y lo que realmente les pertenece a los propietarios (patrimonio neto).

Componentes del Estado de Posición Financiera:

1. **Activos**: Representan los recursos controlados por la empresa que se espera generen beneficios económicos futuros. Los activos pueden incluir efectivo, cuentas por cobrar, inventario, propiedades, equipos (activos fijos), entre otros.

2. **Pasivos**: Son las obligaciones financieras de la empresa, es decir, las deudas y compromisos que la empresa debe pagar en el futuro. Los pasivos pueden incluir cuentas por pagar, préstamos, impuestos por pagar, créditos bancarios, obligaciones laborales (sueldos por pagar), entre otros.

3. **Patrimonio Neto**: También conocido como capital contable, representa la inversión de los propietarios en la empresa. Se calcula como la diferencia entre los activos y los pasivos y refleja el valor residual de la empresa una vez que se han pagado todas las deudas. Aquí podemos tener las aportaciones de los socios, la utilidad del ejercicio, etc.

Caso Práctico:

Supongamos que Juanito del Socorro del Chiquihuistle Rosao es un emprendedor que ha estado operando su propia empresa de venta de productos artesanales durante el último año. Al finalizar el año, decide preparar su primer Balance General para evaluar la salud financiera de su negocio. Aquí está la información relevante:

- **Activos**:
    - Efectivo en Caja: $5,000
    - Cuentas por Cobrar: $3,000
    - Inventario: $10,000
    - Equipo de Oficina: $7,000
    - **Total de Activos: $25,000**

- **Pasivos**:
    - Préstamo Bancario: $4,000
    - Cuentas por Pagar: $1,000
    - **Total de Pasivos: $5,000**

- **Patrimonio Neto**:
    - Capital Inicial de Juan: $20,000

Estado de Posición Financiera (Balance General) de la Empresa de Juan:

Activo	Monto	Pasivo	Monto
Efectivo en Caja	$5,000	Préstamo Bancario	$4,000
Cuentas por Cobrar	$3,000	Cuentas por Pagar	$2,000
Inventario	$10,000		
Equipo de Oficina	$7,000		
Total de Activos:	**$25,000**	**Total de Pasivos:**	**$6,000**
		Patrimonio Neto (Capital)	$20,000
Total	**$25,000**	**Total**	**$25,000**

En este caso práctico, Juanito puede ver claramente la situación financiera de su empresa. Tiene activos por un valor total de $25,000, que incluyen efectivo, cuentas por cobrar, inventario y equipo de oficina. Por otro lado, tiene pasivos por un total de $5,000, que incluyen un préstamo bancario y cuentas por pagar. Finalmente, su patrimonio neto, que representa su inversión inicial en el negocio, es de $20,000.

Este Balance General le proporciona a Juanito una visión clara de lo que posee su empresa, lo que debe y cuál es el valor de su inversión en el negocio. Le permite evaluar la salud financiera de su empresa y tomar decisiones informadas sobre su futuro financiero. Porque Juanito es una persona de bien, tradicional y de valores, a la que le gusta planificar (y vive sin drogas).

Para realizar un EPF e interpretarlo es necesario que profundices en las bases contables, por lo que a grandes rasgos te recomiendo tomar en cuenta los siguientes puntos:

- En un EPF, la suma de los activos siempre será igual a la suma de los pasivos más el capital (A = P + C).
- Lo anterior deriva de la máxima contable, "a todo cargo corresponde un abono", esto quiere decir, que, si yo le pago a un proveedor, disminuye mi activo (saldo en bancos) y por otro lado lo aplico al adeudo al proveedor.
    - Lo anterior provoca que tanto el A, como el P + C siempre tengan el mismo saldo, "estén cuadrados"
- El EPF lo debes de llenar solo con valores monetarios (en pesos o la divisa que utilices), no se manejan unidades.
- El EPF proyectado, para tener una idea clara de la inversión que requieres, debe ser llenado considerando todos los capítulos que hemos visto.

- Crédito con proveedores y acreedores por gastos de marketing, de operación, de contratación, contractuales, por asesorías, por créditos bancarios, aportaciones de los socios.
- Inversiones en activos fijos, patentes o marcas.
- Dinero en caja, pagos por anticipado, ventas proyectadas con clientes.

Como sé que te encanta estudiar y eres bien curiosillo, aquí te dejo más información de la Universidad Abierta y a Distancia de México (UnADMéxico), para que te vuelvas un experto en el tema:

El EPF del ejemplo es muy básico, ya que se requiere de un libro completo solamente para estudiar a profundidad los estados financieros básicos, lo importante es que tu curiosidad te lleve a indagar más. Por tal motivo te invito a que crees tu EPF utilizando los rubros contables que consideres más adecuados para el activo, pasivo y el capital.

Empresa:			
Estado de posición financiera a la fecha:			
Cifras expresadas en la divisa:			
Activo	Monto	Pasivo	Monto
Total A		Total P	
		Capital	
		Total C	
Suma A		*Suma P + C*	

Elaboró

Estado de resultados (la utilidad o pérdida que genere)

El Estado de Resultados (ER), también conocido como Estado de Pérdidas y Ganancias, es un estado financiero que proporciona información sobre la rentabilidad de una empresa durante un período específico. Este documento muestra los ingresos generados por la empresa, los costos y gastos en los que ha incurrido para generar esos ingresos, y finalmente la utilidad o pérdida neta resultante.

¿Recuerdas el capítulo 2 y 3 en dónde hicimos nuestra proyección de ventas y determinamos nuestro costo de los materiales necesarios?, esa fue una proyección y de la proyección surge un presupuesto, que significa un supuesto de lo que voy a requerir de materiales para poder cumplir con mis metas de ventas, si a esto le añadimos nuestros gastos de operación y los impuestos, tendremos toda la estructura de nuestro ER.

Componentes del Estado de Resultados:

1. **Ingresos:** Representan los ingresos totales generados por la venta de bienes o servicios durante el período contable. Los ingresos pueden provenir de ventas de productos, servicios prestados, alquileres, intereses, etc.
2. **Costo de Ventas:** Es el costo directo asociado a la producción o adquisición de los bienes o servicios vendidos. Incluye el costo de los materiales, la mano de obra directa y otros costos indirectos de producción.
3. **Gastos Operativos:** Son los gastos en los que incurre la empresa para mantener sus operaciones comerciales, pero que no están directamente relacionados con la producción de bienes o servicios. Pueden incluir gastos de ventas, gastos administrativos, gastos de marketing...
4. **Otros Ingresos y Gastos:** Incluyen ingresos y gastos que no están directamente relacionados con las operaciones principales de la empresa, como ingresos por inversiones, pérdidas por deterioro de activos, etc.
5. **Utilidad o Pérdida Neta:** Es la diferencia entre los ingresos totales y los costos y gastos totales durante el período contable. Si los ingresos son mayores que los costos y gastos, la empresa generará una utilidad neta. Si los costos y gastos son mayores que los ingresos, la empresa tendrá una pérdida neta.

Ejemplo:

Supongamos que otra vez Juanito del Socorro del Chiquihuistle Rosao, ha estado operando su empresa de venta de productos artesanales durante el último año y quiere analizar su desempeño financiero mediante un Estado de Resultados. Aquí está la información relevante:

- **Ingresos por Ventas:** $50,000
- **Costo de Ventas:** $20,000
- **Gastos Operativos:** $15,000
- **Otros Ingresos:** $2,000
- **Otros Gastos:** $1,500

Estado de Resultados de la Empresa de Juan:

Concepto	Monto
Ingresos por Ventas	$50,000
Costo de Ventas	$20,000
Gastos Operativos	$15,000
Otros Ingresos	$2,000
Otros Gastos	$1,500
Utilidad Neta:	**$15,500**

En este caso práctico, Juan puede ver que sus ingresos por ventas fueron de $50,000, mientras que su costo de ventas fue de $20,000 y sus gastos operativos fueron de $15,000. Además, tuvo otros ingresos por $2,000 y otros gastos por $1,500. Después de restar todos los costos y gastos de los ingresos totales, la empresa de Juan generó una utilidad neta de $15,500 durante el período contable.

Algo muy importante a tomar en cuenta, es que esta utilidad neta no necesariamente se tiene disponible en efectivo para retirarla, ya que pudiera ser que lo reinvirtió en su negocio, para esto, tenemos el "estado de flujo de efectivo", para identificar en donde se encuentra asignado el dinero líquido.

Este Estado de Resultados le permite a Juanito evaluar la rentabilidad de su empresa durante el último año y entender qué parte de sus ingresos se destinaron a cubrir costos y gastos, y cuánto se tradujo en utilidad neta. Es una herramienta importante para tomar decisiones financieras informadas y planificar el futuro financiero de su negocio.

Te comparto un ejemplo de formato, el cuál es recomendable que lo pases a un Excel para que tengas una columna por cada mes (12 en total) y una columna que sume las columnas mensuales, para determinar tu monto anual.

La columna de "% s/Ventas" se llena realizando una simple división y multiplicándolo por 100, por ejemplo, si yo tuve $50,000 de ventas, y su costo respectivo son $37,000, si divido el costo entre las ventas obtengo 0.74, lo que multiplicado por 100, da 74%, esto quiere decir que mi costo es del 74% respecto a mis ventas, de esta forma se llenaría cada fila, con la finalidad de poder hacer un análisis más visual.

Empresa:			
Estado de posición financiera a la fecha:			
Cifras expresadas en la divisa:			
Indicador	Mensual	Anual	% s/Ventas
Ventas			
(-) Costo de venta			
(=) Utilidad bruta			
(-) Gastos de operación Gastos administración Gastos de venta			
(+/-) Gastos e ingresos financieros. "aquellos derivados por servicios bancarios"			
(-) Otros gastos			
(+) Otros ingresos			
(=) Utilidad antes de impuestos			
(-) ISR y reparto de utilidades			
(=) Utilidad o pérdida			

Te comparto información del ER de la UnADMéxico (información que sana):

La vida es incierta. Come primero el postre.

Ernestine Ulmer

Estado de flujo de efectivo (de dónde vino y a dónde fue mi ingreso, espero que no a shein...)

El estado de flujo de efectivo es un informe financiero que proporciona una visión detallada de cómo el efectivo entra y sale de un negocio en un período de tiempo específico. O sea que en el ER se determina la utilidad o pérdida global "de manera informativa" y en este estado financiero tendremos el detalle de dónde vino y a dónde fue esa utilidad en tres principales apartados, en la operación diaria, en inversión de activos fijos o en financiamiento.

Conceptos Clave:

- **Flujo de Efectivo Operativo**: Representa el efectivo generado o utilizado por las actividades centrales del negocio, como ventas, compras, gastos operativos y cobros a clientes.

- **Flujo de Efectivo de Inversión**: Refleja el efectivo utilizado para comprar activos como equipos, propiedades o inversiones, así como el efectivo recibido de la venta de activos.
- **Flujo de Efectivo de Financiamiento**: Muestra el efectivo obtenido a través de préstamos, inversiones de capital o la emisión de acciones, así como el efectivo utilizado para pagar deudas o distribuir dividendos.
- **Saldo de Efectivo**: Es la diferencia entre el efectivo al principio y al final del período, y refleja si el negocio está generando o consumiendo efectivo.

Ejemplo:

Juanito otra vez, ha estado operando su negocio de venta de productos artesanales durante el último año. Durante este período, ha realizado transacciones financieras que afectan el flujo de efectivo de su empresa, aquí están los detalles:

- **Flujo de Efectivo Operativo:**
    - Ventas de Productos: $30,000
    - Gastos Operativos (materiales, mano de obra, alquiler, etc.): $15,000
    - Cobros de Clientes por Ventas a Crédito: $5,000
- **Flujo de Efectivo de Inversión:**
    - Compra de Equipos de Producción: $8,000
    - Venta de Equipos Antiguos: $2,000
- **Flujo de Efectivo de Financiamiento:**
    - Préstamo Bancario: $5,000

- Pago de Intereses del Préstamo: $500

Estado de Flujo de Efectivo (Formato Simple):

Concepto	Flujo de Efectivo
Saldo de Efectivo (Inicial)	
Efectivo al Comienzo del Período	$10,000
Flujo de Efectivo Operativo	
Ventas de Productos	$30,000
Gastos Operativos	($15,000)
Cobros de Clientes	$5,000
Total Operativo	$20,000 +
Flujo de Efectivo de Inversión	
Compra de Equipos	($8,000)
Venta de Equipos	$2,000
Total Inversión	**($6,000) -**
Flujo de Efectivo de Financiamiento	
Préstamo Bancario	$5,000
Pago de Intereses	($500)
Total Financiamiento	$4,500 +
Saldo de Efectivo (Final)	
Total Operativo + Total Inversión + Total Financiamiento	$28,500 =

Interpretación del Estado de Flujo de Efectivo:

- **Flujo de Efectivo Operativo:** Juan generó $20,000 de efectivo a través de sus operaciones comerciales, lo que indica que su negocio fue rentable en términos de flujo de efectivo operativo.

- **Flujo de Efectivo de Inversión:** Juan invirtió $8,000 en la compra de nuevos equipos de producción, pero también recibió $2,000 por la venta de equipos antiguos. Esto indica que ha realizado inversiones para el crecimiento de su negocio.

- **Flujo de Efectivo de Financiamiento:** Juan obtuvo $4,500 a través de un préstamo bancario, lo que aumentó su flujo de efectivo disponible.

- **Saldo de Efectivo (Final):** Después de considerar todas las transacciones, el saldo de efectivo al final del período es de $28,500, lo que muestra cuánto efectivo tiene disponible al final del período contable.

Puede que te parezcan un poco pesados los temas que involucran números, pero a final de cuentas, ¿a quién no le interesa cuidar su dinero?, aunque contrates a un contador para hacerlo por ti, también te presentará los estados financieros básicos para que puedas tomar decisiones de manera óptima.

Te comparto un formato para que puedas practicar y adecuarlo a tus necesidades, analiza el estado financiero después de trabajarlo, ya que pudieras descubrir que tus gastos se están desviando en cosas innecesarias (sin demeritar compras en shein o Amazon, porque te conozco y sé que te gusta tener el carrito de compras lleno):

Empresa:	
Estado de posición financiera a la fecha:	
Concepto	Flujo de Efectivo
Saldo de Efectivo (Inicial)	
Efectivo al Comienzo del Período	$10,000
Flujo de Efectivo Operativo	
Total Operativo	
Flujo de Efectivo de Inversión	
Total Inversión	
Flujo de Efectivo de Financiamiento	
Total Financiamiento	
Saldo de Efectivo (Final)	
Total Operativo + Total Inversión + Total Financiamiento	

Financiamiento

El financiamiento es un componente fundamental para cualquier emprendimiento o negocio, ya que proporciona los recursos necesarios para iniciar, operar y hacer crecer una empresa, así como de pequeño tus papás te daban tu domingo para financiarte las papitas y el refresco, quien diría que con $10.00 pesos mexicanos hasta me sobraba cambio, en mi época.

Fuentes Comunes de Financiamiento:

1. **Financiamiento Propio (Capital Propio):**
   - Inversiones personales: Utilizar tus propios ahorros o activos para financiar tu negocio.
   - Inversiones de amigos y familiares: Obtener capital de personas cercanas que crean en tu proyecto.
   - Participación accionaria: Emitir acciones de la empresa y venderlas a inversores para obtener capital.

2. **Préstamos Bancarios**:
   - Préstamos comerciales: Solicitar préstamos comerciales a bancos u otras instituciones financieras, respaldados por activos o garantías.
   - Líneas de crédito: Obtener acceso a una línea de crédito que te permite pedir prestado hasta un límite preestablecido.

3. **Inversionistas Ángeles**:
   - Inversionistas acreditados: Buscar inversores individuales con capital y experiencia que estén interesados en invertir en startups o empresas emergentes.

4. **Capital de Riesgo (Venture Capital)**:
   - Firmas de capital de riesgo: Obtener inversiones de firmas especializadas en financiar empresas de alto potencial de crecimiento.

5. **Financiamiento de Crowdfunding**:
   - Crowdfunding: Recaudar dinero a través de plataformas como 100 ladrillos o yo te presto, ofreciendo recompensas o una participación a los patrocinadores

6. **Subvenciones y Ayudas Gubernamentales:**
   o Programas de subvenciones: Aplicar a programas gubernamentales que ofrecen fondos para proyectos específicos, investigación o desarrollo.

7. **Incubadoras y Aceleradoras:**
   o Unirse a programas de incubadoras y aceleradoras que proporcionan financiamiento, mentoría y recursos a cambio de participación en el negocio. FOJAL

8. **Financiamiento de Deuda Privada:**
   o Préstamos de entidades no bancarias: Acceder a préstamos de instituciones financieras no tradicionales, como compañías de financiamiento de facturas.

Consideraciones Clave para el Financiamiento:

1. **Evaluación de Necesidades Financieras:** Determinar cuánto capital es necesario para financiar el negocio, considerando los costos iniciales, los gastos operativos y la expansión futura.

2. **Riesgo y Retorno**: Evaluar el nivel de riesgo asociado con cada fuente de financiamiento y cómo afecta la propiedad y el control del negocio.

3. **Plan de Negocios Sólido**: Presentar un plan de negocios sólido y convincente a los posibles inversores o prestamistas. Debe incluir proyecciones financieras, estrategias de crecimiento y un análisis de mercado.

4. **Tiempos de Pago y Condiciones y plan de pago**: Comprender los términos y condiciones de los acuerdos de financiamiento, incluyendo tasas de interés, plazos de pago y garantías, así como un plan para pagarlo.

5. **Diversificación de Fuentes**: Considerar la diversificación de fuentes de financiamiento para reducir el riesgo y depender menos de una sola fuente.

6. **Mantener la Transparencia**: Mantener una comunicación abierta y transparente con inversores y prestamistas, brindándoles actualizaciones regulares sobre el desempeño financiero.

7. **Retorno de la Inversión (ROI)**: Evaluar cómo se espera que el financiamiento contribuya al crecimiento y al retorno de la inversión.

Analiza las diferentes fuentes de financiamiento y compáralas antes de tomar una decisión, recuerda que tienes toda la información al alcance de San Google y unas cuantas llamadas y por último, **NO le temas al crédito,** témele a tu suegra, pero al crédito nunca, el crédito es una herramienta más y sumamente importante que te ayudará en tu emprendimiento.

Fuentes de Financiamiento	Ventajas	Desventajas
1. Financiamiento Propio		
2. Préstamos Bancarios		
3. Inversionistas Ángeles		
4. Capital de Riesgo		
5. Financiamiento de Crowdfunding		
6. Subvenciones y Ayudas Gubernamentales		
7. Incubadoras y Aceleradoras		

Evaluación del plan de desempeño

La evaluación del plan de desempeño es un paso fundamental para los emprendedores al finalizar su plan de negocios. Permite analizar y reflexionar sobre el desempeño de la empresa o proyecto, evaluar si se han alcanzado los objetivos establecidos y tomar decisiones informadas para el futuro.

Recuerda que la evaluación, no se hace una sola vez, al menos realiza una evaluación de forma anual, para medir el desempeño de tu negocio, una vez al año no se hace daño.

Paso 1: Definir Objetivos y Métricas de Desempeño

Antes de iniciar la evaluación de tu plan, es importante recordar los objetivos clave que has establecido a lo largo de este libro. Estos objetivos deben ser específicos, medibles, alcanzables, relevantes y con un límite de tiempo (SMART).

Además, es crucial identificar las métricas de desempeño que se utilizarán para medir el progreso y el éxito.

Paso 2: Recopilar Datos y Resultados

Reúne datos y resultados que muestren el desempeño de tu plan de negocios elaborado durante todo el libro. Esto puede incluir datos financieros, informes de ventas, métricas de marketing, retroalimentación de clientes y cualquier otro indicador relevante. Asegúrate de tener una visión completa de cómo le ha ido al negocio.

Paso 3: Comparar Resultados con Objetivos

Compara los datos recopilados con tus objetivos establecidos. ¿Se han cumplido, superado o no se han alcanzado? Realiza un análisis detallado de las diferencias y las razones detrás de ellas. De nada sirve haber hecho tus casos prácticos todos bonitos si al final no lo vas comparando contra lo planificado.

Paso 4: Identificar Logros y Desafíos

Resalta los logros y éxitos clave que se han alcanzado durante el período evaluado. Al mismo tiempo, identifica los desafíos y obstáculos que se han enfrentado. Comprende por qué se lograron o no los objetivos.

Paso 5: Análisis de Causas y Efectos

Profundiza en las causas que han contribuido al desempeño. ¿Qué estrategias y acciones dieron lugar a los resultados? Examina cómo los eventos y las decisiones han afectado el desempeño.

Paso 6: Aprendizaje y Mejora Continua

La evaluación del plan de desempeño es una oportunidad para aprender y mejorar. Considera lo que se podría hacer de manera diferente para lograr mejores resultados en el futuro. Identifica lecciones aprendidas que puedan aplicarse en las próximas etapas del negocio.

Paso 7: Toma de Decisiones Futuras

Utiliza la evaluación del desempeño para tomar decisiones informadas sobre el futuro del negocio. Esto podría incluir ajustar estrategias, establecer nuevos objetivos o incluso decidir si es necesario pivotar o cerrar el negocio si los resultados son insatisfactorios.

Paso 8: Conclusión y Acciones a Seguir

Llega a una conclusión sobre el desempeño del negocio en función de la evaluación realizada. Decide las acciones específicas que tomarás como resultado de la evaluación, ya sea continuar con el plan actual, realizar cambios significativos o reevaluar tus objetivos y estrategias.

Realizar evaluaciones regulares te permitirá adaptarte a las cambiantes condiciones del mercado y mejorar tu capacidad para tomar decisiones estratégicas informadas.

Detalle las principales conclusiones a las que llegas al concluir el libro (así es, acabas de concluir el libro, así que desahógate como si fuera tu querido diario):

_____
_____
_____
_____
_____
_____
_____
_____
_____
_____
_____
_____
_____

Despedida

¡Se acabó lo que se vendía!

Estimado lector, felicidades por haber aguantado mis bromas malas y haber llegado a este punto. Según datos de la INEGI, la media de libros leídos anualmente por el mexicano promedio es de 3.9, a diferencia de un finlandés que tiene una media de 47 libros al año.

Siempre he creído que nuestra mente es como un jardín, el cual se debe de cuidar y regar diariamente con conocimiento, para evitar que muera lentamente, afortunadamente igual que un jardín, la neuro plasticidad nos permite aprender cosas nuevas independientemente de la edad que tengamos, solo basta con estimular nuestras neuronas.

Espero que te lleves algo de este libro y te acerque más a tus sueños, recuerda que este es solo el principio y un pequeño paso más en tu proceso como emprendedor, puede que todos los temas en primera instancia te parezcan desconocidos y difíciles de digerir, pero conforme te empapes de los temas expuestos anteriormente, empezaras a hilar ideas y a tener claro el camino a seguir.

Es como cuando entramos al kínder, si la curiosidad te mueve y lo ves como un área de oportunidad, tu proceso será más sencillo y hasta divertido y le sacarás jugo a todo lo aprendido.

Entrando en mi rol como docente, toma nota, raya el libro, explícales a tus conocidos lo que has aprendido (está comprobando que enseñar es la mejor forma de aprender), repasa los temas de los cuales aún tienes dudas e indaga más al respecto, y el consejo más importante, empieza a poner en práctica lo aprendido desde el día de hoy, basta con un papel y un lápiz para empezar a elaborar tu plan de trabajo y agregar una fecha para comprometerte.

Cultiva tu mente y lee todo lo que puedas sobre el tema, espero volvernos a ver pronto en una futura entrega de otro libro.

La capacidad y gusto por la lectura da acceso a lo que ya ha sido descubierto por otros.

Abraham Lincoln

Sitios de interés

- https://gmxcontadores.com/
- http://ime.edomex.gob.mx/directorio_de_incubadoras_estado_mexico

Bibliografía

De Ulises, L. S. (2023, 8 noviembre). *Camino a Itaca, poema de Konstantino Kavafis | Las sandalias de Ulises*. Las Sandalias de Ulises. http://lassandaliasdeulises.com/camino-a-itaca-poema-kavafis//

La inspiradora historia del Coronel Sanders, fundador de KFC a los 62 años. (s. f.). Tentulogo. https://tentulogo.com/la-inspiradora-historia-del-coronel-sanders-fundador-de-kfc-a-los-62-anos/

4 técnicas eficaces para definir roles y responsabilidades. (2023, enero). Asana. https://asana.com/es/resources/roles-and-responsibilities

Realiza tu inscripción en el RFC persona física. (s/f). Gob.Mx. Recuperado el 4 de marzo de 2024, de https://www.sat.gob.mx/tramites/82714/realiza-tu-inscripcion-en-el-rfc-persona-fisica

(S/f). Unadmexico.mx. Recuperado el 4 de marzo de 2024, de https://dmd.unadmexico.mx/contenidos/DCSA/MODULOS/CFP/M1_VPEFP/U2/recursos/st212.html

(S/f-b). Unadmexico.mx. Recuperado el 4 de marzo de 2024, de https://dmd.unadmexico.mx/contenidos/DCSA/MODULOS/CFP/M1_VPEFP/U2/recursos/st211.html

Bóveda, J. E., Oviedo, A. y Yakusik S, A. L. (s. f.). *Guía Práctica para la Elaboración de un Plan de Negocio*. JICA. Incubadora de Empresas de la Universidad Nacional de Asunción.

Misión, visión y valores - KOF. (2020, 2 diciembre). KOF. https://coca-colafemsa.com/acerca-de/somos-kof/mision-vision-y-valores/

León, L. (2022, 16 noviembre). ¿Por qué fracasan las PyMEs en México y cómo evitarlo? *Blog del E-commerce.* https://www.tiendanube.com/blog/mx/por-que-fracasan-las-pymes-en-mexico/

Modelocanvas. (2021, 6 septiembre). *Análisis FODA de Coca Cola - BusinessTup.* Businesstup. https://businesstup.com/analisis-foda-de-coca-cola/

Clavijo, C. (2023, 23 febrero). Modelo Canvas. *Hubspot.* https://blog.hubspot.es/sales/modelo-canvas

Gerardo. (2023, 7 julio). *Clasificación de las estrategias de marketing.* Agencia de Inbound Marketing. https://merca3w.com/clasificacion-de-las-estrategias-de-marketing/

Guía metodológica para la elaboración de un flujograma. (s. f.). https://uvadoc.uva.es/. https://uvadoc.uva.es/bitstream/10324/12095/5/GUIA%20METODOL%C3%93GICA%20PARA%20LA%20ELABORACI%C3%93N%20DE%20UN%20FLUJOGRAMA.pdf

ISOTools. (2015, marzo 26). ¿Qué es la gestión operativa de una empresa y cómo mejorarla? Recuperado de https://www.isotools.org/2015/03/26/que-es-la-gestion-operativa-de-una-empresa-y-como-mejorarla/

Software de mapas de procesos | Lucidchart. (s. f.). Lucidchart. https://www.lucidchart.com/pages/es/ejemplos/software-de-mapas-de-procesos

Terreros, D. (2023, 20 enero). Mapeo de procesos. *Hubspot.* https://blog.hubspot.es/marketing/mapeo-de-procesos

ADONIS - Login. (s. f.). https://adonis-ce.boc-cloud.com/main.view#0

Marco normativo de seguridad y salud en el trabajo. (s. f.). Secretaría del Trabajo y Previsión Social. https://asinom.stps.gob.mx/Centro/CentroMarcoNormativo.aspx

Mar, V. (s. f.). *411307877 proceso de reclutamiento de la Coca Cola.* Scribd. https://es.scribd.com/document/528456248/411307877-Proceso-de-Reclutamiento-de-La-Coca-Cola

Google sites: sign-in. (s. f.). https://sites.google.com/site/cocacolapuchungos/organigrama

Manual de ABC para las personas contribuyentes (1.ª ed.). (2023).

Servicio de Administración Tributaria. (s.f.). *Conoce el régimen de sueldos y salarios.* Recuperado de https://www.sat.gob.mx/consulta/24451/conoce-el-regimen-de-sueldos-y-salarios

De Economía, S. (s. f.). *Conoce los beneficios que ofrece una Sociedad por Acciones Simplif. . .* gob.mx. https://www.gob.mx/se/articulos/conoce-los-beneficios-que-ofrece-una-sociedad-por-acciones-simplificada-para-los-emprendedores-y-empresarios

Nina. (2022, 20 junio). *Pasos para crear una empresa en México.* Secretaría de Economía. https://e.economia.gob.mx/guias/pasos-para-crear-una-empresa-en-mexico/

Servicio De Administración Tributaria, S. (s. f.). *Régimen simplificado de confianza.* http://omawww.sat.gob.mx/RegimenSimplificadodeConfianza/Paginas/index.html

Servicio De Administración Tributaria, S. (s. f.-a). *Plataformas tecnológicas.* http://omawww.sat.gob.mx/plataformastecnologicas/Paginas/PersonasFisicas/personasfisicas_comprobantes.html

Servicio de Administración Tributaria. (s. f.). *Lo que debes conocer de tu régimen.* Recuperado de https://www.sat.gob.mx/consulta/26986/lo-que-debes-conocer-de-tu-regimen

Servicio de Administración Tributaria. (s. f.). *Esto es lo que debes saber si te corresponde este régimen.* Recuperado de https://www.sat.gob.mx/consulta/64575/esto-es-lo-que-debes-saber-si-te-corresponde-este-regimen

Servicio de Administración Tributaria. (s. f.). *Personas morales con fines no lucrativos.* Recuperado de https://www.sat.gob.mx/consulta/07190/personas-morales-con-fines-no-lucrativos

Derecho fiscal. (2023, 13 octubre). Justia. https://mexico.justia.com/derecho-fiscal/

Servicio de Administración Tributaria. (s. f.). SAT. https://www.sat.gob.mx/home

(S/f). Gob.mx. Recuperado el 17 de marzo de 2024, de https://mua.economia.gob.mx/mua-web/contactarFedatarioHome

EJEMPLOS DE CLÁUSULAS QUE SUELEN SER INCLUÍDAS EN UN ACUERDO DE CONFIDENCIALIDAD. (s. f.). Instituto Nacional de Propiedad Industrial INAPI. https://www.google.com/url?sa=t&source=web&rct=j&opi=89978449&url=https://www.inapi.cl/portal/publicaciones/608/articles-

1598_recurso_1.pdf&ved=2ahUKEwihxdmF8fuEAxWmIUQIHWfSAGUQFno ECBEQAw&usg=AOvVaw01wdW99AmAethgiRawDr8D

Ramírez, H. (2023, 1 marzo). *Aviso de cookies: Ejemplo del texto obligatorio para web*. Grupo Atico34. https://protecciondatos-lopd.com/empresas/aviso-cookies/#Como_debe_ser_el_texto_para_el_aviso_de_cookies

Petrova, A. (2017, noviembre 8). *Guía Definitiva para Crear una Estrategia de Marketing de Contenidos*. Semrush Blog; Semrush. https://es.semrush.com/blog/estrategia-marketing-contenidos-guia-semrush/

Clavijo, C. (2023, junio 27). *Cómo hacer un pronóstico de ventas: tipos, pasos y ejemplos*. Hubspot.es. https://blog.hubspot.es/sales/pronostico-de-ventas

Martins, J. (2024, febrero 19). *Qué es la gestión de recursos y cómo comenzar [2024]* •. Asana. https://asana.com/es/resources/resource-management-plan

Asana. (2024, febrero 9). *Estructura organizativa: 10 formas de organizar el equipo*. Asana. https://asana.com/es/resources/team-structure.

Á. (2020, octubre 26). *Contratación de personal*. Blog de Recursos Humanos de Bizneo HR: práctico y actual; Bizneo HR. https://www.bizneo.com/blog/contratacion-de-personal/

Guía de evaluación del desempeño laboral para RRHH. (s/f). Kenjo. Recuperado el 17 de marzo de 2024, de https://www.kenjo.io/mx/guia-evaluacion-desempeno-para-recursos-humanos

Pymes, A. T. (2023, enero 23). ¿Qué es un acuerdo de confidencialidad? Linkedin.com. https://es.linkedin.com/pulse/acuerdo-de-confidencialidad-con-ejemplos-y-modelo-descargable-

Diplomado. (s/f). Gob.mx. Recuperado el 17 de marzo de 2024, de https://inscripcion-diplomado.condusef.gob.mx/

10 instituciones para conseguir financiamiento: bancarias, privadas y gubernamentales. (2021, diciembre 7). Emprendedor | El medio líder de Emprendimiento y Negocios. https://emprendedor.com/10-instituciones-para-conseguir-financiamiento-capital-emprendedor-banco-gobierno-sofipo-sofom/

Made in the USA
Coppell, TX
16 June 2024

33576806R20134